U0335912

·深度领导力·

学会反思

通过反思提升
洞察力、创造力和领导力

STEP
BACK

How to Bring the Art of
Reflection into Your Busy Life

［美］ **小约瑟夫·巴达拉克**
Joseph L. Badaracco   著 薛香玲 译

机械工业出版社
China Machine Press

图书在版编目（CIP）数据

学会反思：通过反思提升洞察力、创造力和领导力 /（美）小约瑟夫·巴达拉克（Joseph L. Badaracco）著；薛香玲译 . -- 北京：机械工业出版社，2022.1

（深度领导力）

书名原文：Step Back: How to Bring the Art of Reflection into Your Busy Life

ISBN 978-7-111-69827-2

I . ①学… Ⅱ . ①小… ②薛… Ⅲ . ①领导学 - 通俗读物 Ⅳ . ① C933-49

中国版本图书馆 CIP 数据核字（2021）第 277608 号

北京市版权局著作权合同登记　图字：01-2021-2729 号。

Joseph L. Badaracco. Step Back: How to Bring the Art of Reflection into Your Busy Life.

Copyright © 2020 Joseph L. Badaracco.

Simplified Chinese Translation Copyright © 2022 by China Machine Press.

Simplified Chinese translation rights arranged with ICM Partners through Bardon-Chinese Media Agency. This edition is authorized for sale in the Chinese mainland (excluding Hong Kong SAR, Macao SAR and Taiwan).

No part of this book may be reproduced or transmitted in any form or by any means, electronic or mechanical, including photocopying, recording or any information storage and retrieval system, without permission, in writing, from the publisher.

All rights reserved.

本书中文简体字版由 Joseph L. Badaracco 通过 Bardon-Chinese Media Agency 授权机械工业出版社在中国大陆地区（不包括香港、澳门特别行政区及台湾地区）独家出版发行。未经出版者书面许可，不得以任何方式抄袭、复制或节录本书中的任何部分。

学会反思：通过反思提升洞察力、创造力和领导力

出版发行：机械工业出版社（北京市西城区百万庄大街 22 号　邮政编码：100037）

责任编辑：华　蕾　　林晨星

责任校对：殷　虹

印　　刷：保定市中画美凯印刷有限公司

版　　次：2022 年 4 月第 1 版第 1 次印刷

开　　本：147mm×210mm　1/32

印　　张：4.75

书　　号：ISBN 978-7-111-69827-2

定　　价：59.00 元

客服电话：（010）88361066　88379833　68326294　　投稿热线：（010）88379007

华章网站：www.hzbook.com　　　　　　　　　　　　　读者信箱：hzjg@hzbook.com

版权所有·侵权必究

封底无防伪标均为盗版

极少有人

能瞬间领悟到全部真相

大多数人

都是一点一点接近真相

就像慢慢用一片片马赛克瓷片

拼出一幅镶嵌画

——《幻想：阿娜伊斯·宁日记》

（*Mirages: The Unexpurgated Diary of Anaïs Nin*）

1934 ～ 1944 年

在湖光山色里，探索领导力的源泉

位于英格兰西北海岸的湖区，有着也许是世界上最美丽的风景。大大小小手指形状的 16 个冰山湖，分布在 885 平方英里[⊖]的国家公园里，茂盛的植被，精致的建筑，加上淳朴和好客的北英格兰民风与深厚的历史文化底蕴，是一个让人流连忘返、不忍离开的地方。

明茨伯格选择把国际实践管理硕士（IMPM）第一站放在这里，应该也是出于这个原因。最近的国际机场是曼彻斯特机场，离湖区有两三个小时的车程。IMPM 的英国合作伙伴兰卡斯特大学属于 20 世纪 60 年代组建的那一批"平板玻璃大学"，没有炫目的悠久历史，也没有典型的欧美百年老校那种介于教堂和修道院之间古典的建筑形制，但考虑到离湖区

　　㊀　1 平方英里 ≈ 2 589 988.11 平方米。

这么近的好处，这些基本都不是问题了。

　　我第一次到湖区是在 2002 年，参加第六届 IMPM 的开学模块。2019 年，我再一次过来时，IMPM 已经是第二十三届了。IMPM 项目主任 Martin Brigham 博士和曾参与创建 IMPM 的保加利亚裔教授 Bogdan Costea 博士热情地接待了我。Bogdan 是一个很有故事的人。在兰卡斯特大学做教授这么多年，他一直单身且住在湖区，最大的牵挂是他在这里养的两匹马。在讲起当年亲历的齐奥赛斯库夫妇被秘密处决的各种细节时，他感慨万千，中间不动声色地插播：从口音判断，刚才招呼我们的漂亮女服务员应该是从斯洛伐克过来的。欧洲人对于不同国家的人讲英文的口音的敏感，我们这些老外真是叹为观止。

　　Martin 的专业是研究贵格会的商业史，尤其是贵格会在工业革命期间的特殊贡献，包括会议组织方式、达成共识的方式、独特的社区精神等。Martin 开车专门带我到贵格会在 17 世纪创立的第一个会议厅——位于湖区南侧的 Ulverston 小镇上的 Swarthmoor Hall。那是非常朴素的一个会议厅，最多容纳三四十人，没有牧师，没有《圣经》，甚至连十字架都没有。每周礼拜日，大家围成一个圆圈，分享自己这周的思考和体验，说与不说，说短说长，完全自愿。

　　看似平和、温和、随和，背后其实是贵格会坚定的信仰。他们相信上帝无所不在，所以不在外在装饰上下功夫。他们相信每个人都有"内在之光"（inner light），所以对每个个体都给予最大程度的平等的尊重。作为中国人，我一边震撼于这种哲学与我们的"此心光明"何其相似乃尔，一边开始思考：看似类似的信念，为什么在两种文化中却带来完全不同的社会结果？

与"内在之光"的信念相关，贵格会成员在碰到了人生和生活难题时，可以专门召开澄心委员会（Clearness Committee）会议，通过这种方式"时时勤拂拭"，让"内在之光"发扬光大。澄心委员会一般由六七个成员组成。会议的第一阶段是静默，大家清空头脑，把关注百分之百地放在当事人身上；第二阶段是阐述，由当事人阐述问题；第三阶段，也是最重要的阶段，是提问，大家围绕当事人的问题，提出简短、真诚、开放的问题；第四个阶段是镜映，大家给当事人反馈自己看到了什么，听到了什么；最后大家一起欢庆，祝贺当事人完成了这个精进的过程。

蓦然回首，那人却在灯火阑珊处。我们做了十年的私人董事会，没想到原来它竟是这么来的！下次介绍私人董事会，不能再说私人董事会来自 20 世纪 50 年代的芝加哥了，而应该说它来自 17 世纪 60 年代的英国湖区。我向 Martin 要了所有能够要到的各种相关资料，开始仔细研究。

一般人更关心的是贵格会与工业革命的关系，这也是马克斯·韦伯《新教伦理与资本主义精神》中的最好的阐述。从 17 世纪中期起，贵格会成员作为不奉国教者（non-conformist），遭到了当时英国主流社会的排挤，他们不能从政，不能入学。因为经常被官员惊扰，他们甚至连农民都做不了，只好从商，做手工业，做小买卖。他们虔信上帝，严格要求自己诚实、守信、精确、透明、谨守责任。随着一部分贵格会成员移民到新大陆，再加上贵格会横跨大西洋两岸强大的社会网络，他们逐渐成了工商业的主流阶层。大家非常熟悉的一些品牌，如巴克莱银行、劳合社、吉百利巧克力、其乐鞋、贵格麦片等，都是贵格会成员创立的。

很少有人了解的是贵格会对现代商业、对市场经济的重大贡献。前现代社会，买卖一般都是一人一价，分量也有多有少，但贵格会成员对自己严格要求，童叟无欺，推动了"市场价"和标准计量单位的使用；他们是技术革新的先锋，精研纺织业、钢铁业、陶瓷业等行业的技术，在北英格兰这个远离伦敦的偏远地区，掀起了工业革命的大潮，彻底改变了人类历史的进程；他们也是金融创新的主力，为了保障去世成员遗属的生活，他们发明了人寿保险这种主流的金融工具；他们用在金融业的特殊地位所带来的强大筹款能力，支持了从 Stockton 到 Darlington（英格兰北部，靠近 Newcastle）的世界上第一条蒸汽机车铁路的诞生。

从组织学角度来看，更重要的也许是贵格会对现代工商业组织方式的一些重大贡献。除了前述的澄心委员会开创了领导力教练和私人董事会行业，贵格会的周会、月会、季度会、年会制度直接成为现代企业管理例会制度的标准实践，很多贵格会工厂还有晨祷制度，这成了制造业企业晨会的样板；贵格会成员把账目的透明和精确看得比自己的生命还重要，由此逐渐发展出年度审计制度；贵格会成员努力把员工当家庭成员看待，关心他们的生活，缩短工作时间，建立退休制度，为他们提供医疗保险和牙科保险；为了解决员工的住房问题，贵格会建设了以 Bournville Village 为代表的模范村，为员工提供有大花园的住宅，旁边还有配套的绿地、板球场、学校、教堂和成人继续教育设施。明茨伯格不满于无处不在却往往略显空洞的领导力（leadership）概念，针锋相对地提出社区力（communityship）的概念，应该与西方这种把员工当家庭成员看待的传统相关。

贵格会在 19 世纪中期后逐渐衰退的一个重要原因是，贵格会认为 1865 年推出的有限责任法案有违贵格会所信奉的企业应该对自己的客户负有无限责任的原则。在排斥、犹豫、观望之间，贵格会遗憾地错失了有限公司、上市公司成为现代工商业主流的时代潮流。

湖区最著名的历史遗址，除了著名"湖畔诗人"华兹华斯的故居"鸽舍"之外，还有约翰·罗斯金（John Ruskin）在尼科斯顿湖边的故居 Brantwood。罗斯金可能是英国历史上最重要的艺术家和艺术评论家，他奠定了维多利亚时代英式审美、英国品位的基础，开启了后来的"工艺美术运动"和"新艺术运动"。罗斯金出身于伦敦贵族家庭，长得一表人才，在反思机器化大生产带来的各种问题后，最终选择在这个有"湖光山色"的地方度过自己的晚年。

有意思的是，罗斯金同时是一位杰出的政论家和社会活动家。1871 年（巴黎公社短暂存在的那一年），他 52 岁的时候，这位比马克思大一岁的"耿直男子"出资 10 000 英镑成立圣乔治会，并把他的全部收入捐献给这个为实现改良社会的理想而成立的慈善组织。虽然天不遂人愿，无所建树，但这种与贵格会一脉相承的担当精神，才是领导力的真正源泉。

在湖边盘桓的数日，我脑海里不断地出现这些严谨、自律、衣衫朴素的贵格会成员的形象。原来工业革命的奇迹背后，其实是一群群这种心中有光的人啊。我们探索领导力，探索到最深处，最后发现的往往是这样一种精神——"与天壤而同久，共三光而永光"。古今中外，莫之能外。

与诸君共勉。

肖知兴

领教工坊学术委员会主席，致极学院创办人

2021 年 11 月 18 日于京西

反思
通过再次思考呈现事物真实的样貌

KPI、OKR 以及"996""内卷"等不断涌现的网络热词映照了当下人们紧张、焦虑的生活状态，也无不提示着这个世界的速度、复杂性与挑战性。人们在各种目标、各种 KPI 的驱动下忙碌于行动，忙碌于学习，生怕一刻的耽搁就使得自己与世界脱节。我们似乎接受了更多的知识，掌握了更多的技能，处理了更复杂的问题，然而我们做决策的能力提升了吗？我们能更好地去解决生活和工作的重负吗？哈佛商学院教授小约瑟夫·巴达拉克认为答案可能是否定的。

人们因为忙碌于行动而找不到时间来进行反思，有些人甚至觉得"反思使人停滞，行动使人充实"，从而回避反思。久而久之，我们丧失了反思的能力。巴达拉克教授在他的新书《学会反思》中强调反思在日益复杂的当今世界恰恰变得前所未有的重要。对此，我深以为然。事实上，大量的心理学研究结果显示，人们在更加忙碌、更加焦虑，或者信息过载时，思考反而更加肤浅，决策也更加短视和不理性。

什么是反思？为什么需要反思？

反思，顾名思义，指的是返回去思考，或再思考。我们通常把人们主动去思考过去做出的决策、对事物所持有的看法以及产生的感受的行为称为反思。反思对应的英文单词是reflection，其本义指光线经过某些物体表面时产生的反射和映像，亦指反思、深思或沉思。英文单词reflection的本义非常有意思，可以帮助我们进一步理解反思的深层含义。我们或许可以这样理解：反思是对之前的决策、看法及感受的一种映像或观照。什么样的映像呢？没有经过污染、没有被扭曲的映像，因此更加接近事物原本或者真实的样子，即真相。所以说，反思的真正目的其实是要到达或者还原事物本来的样貌。人们会因经历了正确的反思而获得领悟。

为什么说通过反思才能真实地反映这个世界以及事物原本的貌相呢？难道我们最初的思考和解读可能有误？很有可能。这是因为人们在感受、加工信息以及判断事物时，会受到当下的情境因素的诸多影响。比如说，一个人当下的情绪会影响他对事物的判断。一个人开心的时候就会觉得整个世界都是美好的，对未来充满了希望，因此更加乐观，并对风险更加轻视。相反,一个人沮丧之时,就会对世界充满了悲观和失望,对风险也更加敏感,处事小心翼翼,如履薄冰。相信大家一定有过类似的感受:天气好的时候,或者我们偶然获得别人的一次夸赞时,心情就会好起来,看什么都戴着玫瑰色的眼镜(rosy view),觉得自己无所不能。在这种状态下,人对(同一个)事物的看法和判断显然是不同于当他感到沮丧、焦虑或者愤怒的时候的。然而,人的情绪的起因和他所需要判断的事物与决策也许并无关联。那么,当一个人心情特别好或者特别糟的时候去买卖股票,而这种情绪又和股市本身毫无关联,就需要好好地进行反思,再做出购买或抛售股票的决定。

再者,一个人因繁忙而无暇深入思考的时候,大脑常常启动自己所习惯的、熟悉的、根深蒂固的观念(比如刻板印象)去对所接触到的事物进行判断。然而,这样的判断很可能忽略了一些重要的,与经验相左的信息和线索,因此会做出误判。比如说,人力资源主管在筛选应聘者的简历时,其对教育背景的刻板印象可能使得其他彰显申请者职业能力的信息被忽视,从而错失良才。巴达拉克教授在书中提到的反思原则"偶尔慢下来"和"暂停,评估行动",就是针对这样的情境。当人们过于依赖自动化的加工和思维惯性时,需要停下来反思,理性评估自己的决策和行动。

有的时候,我们还会过多地关注某些细节而忽略大的方向和目的。这种情况在信息过多、过于繁杂时尤其多见。我们处理信息时更多是在解读"这是什么"（what）而非"这为了什么"（why）的重要问题，从而会陷入低层次的细节内容而忽视大局（big picture）。"不识庐山真面目，只缘身在此山中"，指的就是这样的思维局限性。例如，家长在关注孩子的学业时，太过重视某些具体科目的成绩和表现好坏，而忽视了教育的初衷——培养对世界的好奇心、学习的动力和终身学习的习惯。这样的结果或许是，孩子可以在这些科目上考出高分，但是无法对这些科目保持学习的意愿、兴趣和习惯。这正体现了巴达拉克教授所说的"从我们正在经历的、正在做的或想思考清楚的事情中抽离出来，领悟真正重要的事情是什么"的重要性。书中提到的"多角度深入反思"这一原则可以帮助我们突破这种局限性。这样的思维定式的例子还有很多，在此不一一赘述。

由此看出，我们对事物产生的第一印象和判断很可能是有局限性的，甚至是有误的，而反思能够帮助我们对初始的思考和行动进行审视与检验。反思就像一面镜子一样，还原事物原本的样貌，助我们达成更为理性的认知和决策。

如何反思？反思的关键是什么？

巴达拉克教授走访了一百多位管理者，并从这些管理者的日常经历和经验中总结出反思的原则与实用指南。这些颇具洞察力的反思原则对奔波于一件事和下一件事之间的我们有许多的启示与帮助。除了找到进行反思的有效方法之外，做好反思的关键还在于第二次的思考需要在一种平静的、深入思考的状态下进行。也就是说，我们要自带一派天真的镜子或者清澈且波澜不惊的湖面去反射事物原本的模样，从中悟出真谛。"山光悦鸟性，潭影空人心"，幽静清澈的潭水可以使我们的心空灵，从而照射出世界原本的面貌。同样地，真正的反思要能够映射出事物的真实貌相。

我读巴达拉克教授的《学会反思》，最大的收获就是对反思进行了一次反思。我感谢巴达拉克教授为我点亮一盏关于反思的明灯。愿读者朋友们能通过阅读这本书领悟反思的真谛，获得反思给予我们的独特馈赠。

徐 菁

北京大学光华管理学院教授

CONTENTS
── 目录 ──

01

马赛克式反思

人生就像冲浪，波浪带着我们前行。大部分时间，我们在不停地调整自己，努力跟上并驾驭波浪。可能这道波浪不适合我们，或者不再适合，可能前面就是礁石。反思，就是思考这一类的问题。

有家天使投资公司做得很成功。每投资一家新公司时，它的创始人兼 CEO 都会给创业者一项特别的"建议"："哪天我去你的办公室，看到你两脚跷在桌子上看向窗外，我就把你的工资翻倍。"

这位 CEO 的话里有双重信息，值得所有人一看。首先，反思极其重要。实际上，在当今世界，反思已经变得前所未有的重要。与之前的时代相比，现在的世界更为复杂，时间更加紧迫，信息更加饱和，流动性也更强，不管是在工作中还是在生活中，我们都需要深入思考我们的处境、问题和我们要做的决定。其次，在当今世界，我们很难有时间去反思，甚至我们的反思能力都可能因此被削弱。

什么是反思？提到反思，人们脑海中会出现一些熟悉的形象：罗丹著名的"思考者"雕像，一位一动不动正在打坐的僧人，一个低头默默祈祷的女子，或是一个在满天繁星下独自凝望夜空的身影。关于这种一个人安静沉思的方法，已经有不计其数的文章和书籍予以介绍。但是，对于被工作任务、会议、决策和重大职责裹挟忙得团团转的人来说，这种方法适合吗？

四年前，我打算着手回答这个问题。为此我采访了一百多位管理者，他们来自 15 个国家，上至 CEO，下至主管，大部分人在企业工作，不过也有一位警长、几位宗教组织的负责人、一家知名职业体育俱乐部的教练，以及几位大学的行政人员。同时，我认真研读了一些经典著作，比如古罗马皇帝马可·奥勒留[一]（Marcus Aurelius）的《沉思录》、天主教圣徒依纳爵·罗耀拉[二]（Ignatius of Loyola）的《神操》，以及很多名人日记。

最后，我得出结论，那些身肩重任的忙碌一族确实会花时间进行反思，但不是一个人长时间沉思，而是主要用一种我称之为"马赛克"的方法进行反思。我们都知道，马赛克是用小片的石头或玻璃镶嵌而成的艺术作品。我从采访中得到的结论是，那些忙碌且事业有成的管理者的确会反思，不过他们是利用日常生活中的碎片时间进行反思——就像创作"马赛克"作品一样。

为什么他们的日程表已经排得满满当当，还要挤出时间来做反思呢？有位高管回答得非常中肯。几个星期以来，他一直拿不定主意要不要改变职业方向。在一次反思中，他的脑海中出现了一幅广阔的图景：

> 人生就像冲浪，波浪带着我们前行。大部分时间，我们在不停地调整自己，努力跟上并驾驭波浪。

[一] 马可·奥勒留（121—180），古罗马帝国最伟大的皇帝之一，于161～180年在位。他也是著名的斯多葛派哲学家，有"哲学家皇帝"的美誉，有著作《沉思录》传世。——译者注

[二] 依纳爵·罗耀拉（1491—1556），西班牙贵族，早年从军入伍，后创办天主教耶稣会，其《神操》一书是天主教教会应用广泛的灵修指南。——译者注

可能这道波浪不适合我们，或者不再适合，可能前
面就是礁石。反思，就是思考这一类的问题。

　　这句话指出了管理者在百忙之中仍然努力挤出时间进行
反思的两个根本原因。

　　第一个根本原因是它很实用。不管是在工作中还是在生
活中，反思都是一种非常有用的工具，能够帮助我们制定更好
的决策。就每一天、每一项任务、每一个问题而言，反思都是
我们的得力工具。就像前面那位高管所说的，借助反思，我们
可以"调整自己，努力跟上并驾驭波浪"。另一位管理者说：
"我一直怀疑我反思得不够多，因为我老得招呼大家开会。"

　　第二个根本原因是它很深刻。反思能让我们深入思索人
类千百年来一直在追问自己的问题：应该怎样生活？真正重
要的是什么？怎样才算美好的人生？也就是说，你驾驭的波
浪适合你吗？这样的反思会让我们产生很大的变化。有位前
任 CEO 在采访中不无惆怅地说："要是 25 年前，或者 30 年
前有人问我'你对自己坦诚吗，你有没有拿出足够多的时间
来做反思'就好了。"

　　反思，是从我们正在经历的、正在做的或想思考清楚的
事情中抽离出来，领悟真正重要的事情是什么。这就是从诸
多方面来看，不管是实用方面还是深刻思考方面，反思都特
别有价值的原因。无论是经营一家公司、带领一个项目组、

帮助年迈的亲戚查询医疗系统、同时忙碌好几件家务事，还是想方设法解决难题，至关重要的一点是要弄明白真正重要的东西是什么。

在本书中，前前后后有多位管理人员在接受采访时表述的原话。他们讲述了自己在反思这件事上所做的尝试，有时候可能不得其所，但大多数时候他们可以找到合适的方法，来反思日常问题、事业与家庭问题以及人生中的一些永恒问题。读到这些内容时，我们不妨反观自己，问自己一些诸如此类的问题：这是我在反思时经常遇到的障碍吗？我是不是应该试一下这种反思方法？这件事我已经在做，是否可以做得更好一些？

通过回答这些问题，我们可以获得一套实用的日常反思方法，帮助我们更好地工作和生活。这正是古罗马皇帝马可·奥勒留写《沉思录》所追求的目标："在生活中保持全然的觉知和清醒；让每一个瞬间都无比充实；让每一个生命阶段都充满意义。"

反思的设计原则

反思之道，与其他做事之道一样：要做好反思，必须勤于练习，而且练习的时候要遵循某些原则，这些原则通常被称为"设计原则"。以绘画为例，我们在绘画的时候，必须对线条、平衡和对比做出选择。设计原则提醒我们注意这些选择，并起到指导作用，但它们不会告诉我们画什么内容，用什么颜色。设计原则是"有回旋余地的法则"，它们提供一个总体的方向，但不提供详细的具体路线。

反思的设计原则也是如此。如果想充分利用难得的反思时间，那我们要遵循四个基本原则。它们清楚地定义了什么是好的反思，但没有告诉我们具体该怎么做，具体怎么做取决于我们自己。反思的设计原则是模具，我们的任务是往里填入具体的内容，当然，是用适合自己的反思方法。

第一个设计原则是"以60分为目标"。乍一看，你可能会觉得吃惊，甚至觉得泄气——很多人都说，要是一件事情值得做，那就应当尽量把它做好，这个原则却反过来要我们降低标准，让我们松懈。可是，就许多事情来说，即使我们达不到理想的标准，这些事情也值得我们去做，哪怕仅仅是试试也好。反思就是这样的事情，尤其是在如今我们面临重重障碍的情况下，更是不宜把反思的门槛设高。

这个设计原则建议我们放下反思就像"攀登高山"的想法，也就是说，不要再认为反思是独自安静地长时间沉思。相反，它鼓励我们找到一种在大多数时间都行之有效的反思方法。这种反思方法能满足我们的需要，契合我们自己的情况，能让我们长期坚持。当然，中间会经历一些很少反思或没有反思的时期，不过生活就是这个样子，这不是我们的错。遇到这种情况时，无须懊恼，重新捡起反思的习惯，继续前行。

话说回来，当抽离出来做反思的时候，我们应怎么做，怎样利用好反思时间？这个问题引出了另外三个设计原则。这三个设计原则本身也是反思的三种基本方法。它们可以说是经历了千百年的锤炼和积淀，也体现了马赛克式反思的精髓：在几天或几周的时间里，根据自己的情况灵活地结合这三种反思方法，利用工作和生活中的零碎时间进行反思。

它们中的第一个原则是"偶尔慢下来"。我们的大部分时间，尤其是工作时间，都在使用一种高度专注的分析性思维或务实性思维方式——我们的目标是产出。我们一遍又一遍地问自己："这里有什么问题？怎么解决？"而这个指导原则说的是，我们要间或暂停下来，把思维机器调低一个挡，就像一位管理者说的："让大脑自由运行一会儿，一点儿都不要去想跟效率有关的事情。"

慢下来会让我们对周围的事情、对我们真正的所思所感有更加清晰的感知。慢下来有很多种形式，它的目的是取得深度体验，而深度体验对于所有的事情都很重要。不管是主持会议、跟朋友交谈，还是弄明白困扰我们的事情，慢下来都能帮到我们。

下一个原则是"多角度深入反思"。我们可以用这种方法来处理工作和生活中充满挑战的事情。用这种方法时，我们抽离出来，有意识地从几个不同的角度来琢磨问题或情况。通过多角度深入反思，我们可以对复杂的问题有更加全面的了解，看清楚哪些方面是真正重要的。

多角度深入反思是在头脑中反复思索一件事情，就像雕刻家慢慢把一块木头雕琢成形。有位管理者用中肯简洁的一句话说出了她对多角度深入反思的理解："我们都有线性视角，这很重要，不过我们必须形成自己的方法，找到其他看待事物的视角。"多角度深入反思的目的是获取深度的理解，这方面的经典著作和这次对一百多位管理者的采访提供了很多具体的方法，可供我们参考借鉴。

最后一个设计原则是"暂停，评估行动"。在我们需要做决定和付诸行动的时候，适合采用这种反思方法。它的重点是让行动产生深切的影响，看看我们正在做的事情或打算做的事情中真正重要的是什么。做这种反思的时候，我们要暂时从事情中抽离出来，思量一下几种不同的方案，问问自己，哪种最能契合别人对我们的期望，以及我们在工作和生活中对自己的要求。有位管理者是这么问自己的："我有没有按照大家的期待发挥应有的作用，有没有不忘初心做了真正想做的事情？"

综上所述，从这四个基本原则中，我们可以看到反思的本质。不管短时间反思还是长时间反思，本质皆一样：反思，是抽离出来，思考一下你正在体验、正在思考或正在做的事情中，什么是真正重要的。不过具体来说，我们什么时候该做反思？该怎么做？做多长时间才有效呢？

如果我们了解反思的基本方法，并且养成有效的反思习惯，使反思时间灵活地穿插并融合于日常生活中，那么每次花费片刻时间或数分钟，马赛克式反思即可为我们的生活带来很大的改观。上面提到的"慢下来""多角度深入反思""暂停，评估行动"可以组合成多种不同的方法，它们可以说是即插即用的组件，我们可以根据自己的情况灵活组合，形成适合自己的反思模式和方法。

马赛克式反思适合很多忙碌于生活的人，尤其适合那些因为惯常的思考模式而很难抽出一段较长的时间进行反思的人。另外，马赛克式反思还可让我们对自己的工作和生活流程有所反思，对真实的即时发生的事情立刻做出回应。有位管理者一语中的："有时候我需要反思当下发生的事情。"

不过，马赛克式反思虽然有很多长处，但也有缺陷，那就是在一天或几天的时间里随机做几次简短的反思，因为时间不够，也不连贯，有时候可能无法真正解决严重的问题。它会给我们带来一些零星的、稍纵即逝的洞见，好像一堆散落的马赛克瓷片，无法形成一个解决问题的方向，也无法构成一个整体的图案。

所以，我们需要间或多抽离一会儿，也就是说，每隔几天或是每隔几周（每隔几周是必须做到的），抽出一段较长的时间慢下来、多角度深入反思，或是暂停并评估行动，然后问问自己，如果从更大的时空跨度、更深刻的个人视角来看，真正重要的东西是什么。简而言之,为大家所熟悉的那种一次反思较长时间的方式并没有过时,而马赛克式反思是很好的补充,可以帮助我们提升反思的效果。

每个人都各乘波浪,在大海中前行。我们怎么跟上每道波浪?它们是适合我们自己的波浪吗?怎样利用短暂的反思时间来改善我们的工作和生活?要回答这些问题,我们需要找到与我们的日常生活相契合的反思方法。不过,在一个节奏越来越快的世界里,如何找到适合自己的反思方法呢?

第二章

以 60 分为目标

德国哲学家和散文家亚瑟·叔本华曾写道:"浑浑噩噩地忙碌于工作和娱乐,从不做任何反思,这就好比从人生的纺锤上随意撕扯棉花,根本不清楚生命的目的和意义是什么。"

在一次采访中，我遇到一个令人沮丧的时刻，至今还历历在目。一位成功的高管，我们称他为奥利弗吧，他用特别强调的语气说，反思对他来说非常重要，在工作和生活中都是如此，并且在下属遇到挑战时，他还会力劝他们进行反思。然而，接下来我问他会花多少时间进行反思，他却说在比较顺利的日子里，大约每天 5 分钟，有时候会有很长一段时间不做反思，遇到紧急问题需要处理时则几乎不做反思。之后，奥利弗往前倾了倾身体，盯着我的眼睛，说他现在正处于完全不做反思的时期。他说："我现在压力太大了。"

几个月来，奥利弗一直忙于一个重要项目，但没有取得丝毫进展。在其他事情上他也落在后面，连日常往来的电子邮件也没有及时回复。奥利弗曾在南美洲几家中型公司里担任 CEO，业绩可圈可点。他相信反思的力量。然而，鉴于他目前面临的挑战以及生活状态，奥利弗需要一种真正有效的反思方法。在这一方面，他与我采访过的大多数管理者一样，需要 "60 分" 的反思方法。

乍一看，用 "60 分" 来考量重要的事情是错误的方法。我们做手术的时候可不想要一个 "60 分" 的外科大夫，结婚的时候也不想要一个 "60 分" 的伴侣。可是，以现在忙碌的工作和生活节奏而论，"60分"的反思可以说是一个真正的成就。有句古老的意大利谚语说"完美是好的敌人"，它所蕴含的智慧正好呼应了"60分"的设计原则。

这个设计原则让我们做能做的事情，尽力确保每周或每天都拿出一些时间做反思，并且还要时常找机会做点深入的反思。要认识到，会有一些时候我们反思得比较少，但这不是我们做得不好，生活就是这个样子。我们的目的是找到一种行之有效的反思方法，坚持做，至少大部分时间能坚持就可以。

有位管理者曾任职于私营部门和公共部门，均有不俗的业绩。她这样描述自己的反思方法：

> 有时候一天过得比较顺，有时候不顺，有时候也会遇到紧急问题。我知道，如果一天下来没什么可反思的，我反而可能需要做一下反思，我会想办法拿出至少几分钟的时间。但我跟那些对自己比较严格的人不一样，他们会做个日程表，在上面标明"这一个小时是当天做沉思、冥想或类似事情的固定时间"。我的思维方式不是这样的。

她使用的便是这种灵活、适应性强的"60分"的反思方法，属于一种温和的自我管理。

　　我们怎样形成自己的"60分"反思方法呢？本章先介绍第一个步骤，即观察自己，然后回答两个问题：你有哪些反思障碍？你在什么时候克服了这些障碍，是如何克服的（哪怕只是暂时克服也可以）？一旦想清楚这两个问题，我们即可学习具体的反思方法，充分利用好反思时间。接下来的三章分别介绍了另外三个设计原则，它们也是三种行之有效的具体反思方法。

你有哪些反思障碍

　　电影《卡萨布兰卡》里面有一句令人印象深刻的台词——"围捕惯犯"。⊖说到我们为什么没有经常反思，也有一些惯常的理由：如今的竞争太激烈，组织比以前扁平和精简，工作不稳定，科技消除了工作和休闲之间的界限。说到底，我们都是在高速数字传送带上工作的雇员，只有很少时间陪家人和朋友，很少时间睡觉，更不用说反思了。更糟糕的是，我们真有空闲的时候，却会被电子屏幕上那些精心设计的内容完全迷住，欲罢不能地在一次次鼠标的点击中消耗

　　⊖　在该电影结尾，主人公里克枪杀纳粹军官后束手待擒，一些警察闻讯赶来，雷诺警长为了替里克开脱，命令这些警察去抓捕当地的惯犯，从而放过了真正枪杀纳粹军官的里克。作者在这里提到这一电影台词的意图为喻指我们会用一些惯常的理由来为自己不常做反思开脱，而不去寻找真正的原因。——译者注

掉我们的“空闲”时间。

这种解释很真实，想必我们在日常生活中也有这样的经历。但是，这种惯常的理由既不完整，也有误导之嫌。确实，找出反思的时间不容易，但原因绝不仅仅是工作压力和科技带来的无处不在的诱惑。进行反思的障碍存在更深层的原因，这是几乎所有人都必须面对的事实。

要看清原因，我们暂且把时钟往回拨一下。19 世纪中叶，美国诗人和散文家亨利·梭罗表示对火车与铁路的发明忧心忡忡，认为这类新事物会极大地加快人们的节奏，扭曲人们工作和生活的方式。虽然从现在来看，那时的火车既规模小，又速度慢，可谓非常落后。“不是我们在驾驶火车，”梭罗写道，“是火车在驾驶我们。”与梭罗同时代的德国哲学家和散文家亚瑟·叔本华也有同样的担忧。他写道：“浑浑噩噩地忙碌于工作和娱乐，从不做任何反思，这就好比从人生的纺锤上随意撕扯棉花，根本不清楚生命的目的和意义是什么。”

梭罗和叔本华，就像历史上很多有认真反思习惯的人一样，在全球资本主义、互联网、智能手机出现之前，就遇到了反思的障碍。最近的一部历史著作研究了两千多年来人们对过劳的焦虑、造成过劳的原因以及过劳产生的影响，研究结果表明，现代技术和工作压力并不能完全解释为什么我们不经常反思。它们好像起到了加速的作用，让火势越来越大，但这场火本身却不是它们点燃的。

跟奥利弗一样，受访的管理者们不是古罗马战舰上被迫拼命划船的囚徒。工作是他们自己选的，对于每天的日程安排，他们也有很大的决定权。他们，以及我们，为什么没在反思上花更多时间，有其他深层原因。读到下面这些深层原因时，我们可以想想其中哪些对我们特别有挑战。

重大承诺

奥利弗很清楚，他不做反思的背后有一个深层原因。他简单总结道：

> 工作，工作，工作。这就是我，每时每刻，我都在享受工作。工作有意义，工作让人感觉良好。我觉得，人们在满足了自己的基本需求后，老是想做成点什么事情。做事情能让我们获得真正的满足感，一想到有很多重要的事情等着我们去做同样如此。

受访的管理者们对于如何度过自己的一生，以及成就一番什么样的事业，已经过深思熟虑做出了选择。随着日子一天天过去，他们通常感到时间越来越紧迫。工作似乎非常辛苦，他们觉得精疲力竭。有时候他们会想，是不是真的要这样度过一生。不过，这只是事实的一面，事实的另一面是他们身负的责任，还有他们对别人的承诺。在更深层次上，他们也在履行对自己的承诺。他们通常为如何工作和生活设立了严格的标准，并希望自己达到这些标准。

大多数情况下，这些管理者在家庭中，有时候在社群中还承担着重大的责任。如此一来，他们分配自己的个人时间就像在战场上对伤员做鉴伤分类，严重的优先抬走治疗，而反思的时间就像不严重的伤员一样，被留在了战场上。一位管理者直白地说："我是家庭、公司和志愿组织三头忙，所以属于我自己的时间非常少。"另一位管理者把反思当成了祈祷，他歉疚地说："我没有留出时间来增进我和上帝的关系。我一直等到一天结束了才祈祷，可那时候我已经累了，所以一般也就祈祷五六句话。这样下去我不可能有充实的精神生活，我知道我需要更努力一点。"

上面两位管理者属于中层领导。大多数创业者则选择了一条责任更为重大的道路。他们知道，新创企业尚处于脆弱的孵化期，一个大客户的决定就可能左右企业的生死。他们也明白，大多数新创企业都以失败而告终。不过，他们依然热切地投身于事业。责任感成就他们的一生。一位创业者回顾创业早期遇到的挑战时说道："生命的快乐在于奋斗。"

那些受访的 CEO 也觉得，他们之所以没有足够多的时间来反思，一是因为工作压力大，二是因为自己做了重大的承诺，而后者关系到数百人甚至数千人的生计问题。一位 CEO 说：“我觉得，不管我正在做什么，我总是中途被拉到别的地方。好像我一直在骗别人，骗公司，骗家庭，骗自己。我没法真正专注地干一件事情。”

其实，比起那些拿着最低工资努力养家的单亲爸爸和妈妈来说，高管们找出时间来做反思还是要容易得多。在司机开着高档轿车送他们去机场的路上，他们完全可以放下手机，望着车窗外，反思一下在工作或家庭生活中遇到的挑战。那些挤公交车或地铁的人，满脑子都在想怎么能凑够现金支付这周的账单，他们是没有这种反思机会的。实际上，最新研究表明，贫穷会削弱人们认真思考的能力。

奥利弗的困境在这些管理者中非常具有代表性：他相信反思值得做，但他一天中反思的时间极少能超过 5 分钟。之所以如此，主要是因为他工作非常努力，经常接受艰巨的任务和新的挑战，并且真心想把工作做好。这些都是非常可贵的优点，但它们也挤占了反思的时间。

对于承担太多责任的管理者，常规建议是让他们分清轻重缓急，并减轻身上的担子。很多情况下，这项建议值得考虑，不过在这里，问题不止于此，而且对有些人来说，极端忙碌的生活不是什么问题，这正是他们想要的生活方式。一位管理者坦率地说：“有了危机我会冲上去，处理危机让我兴奋。”

效率崇拜

面对工作和重大承诺的双重压力，合理的反应是寻找方法，提高工作效率。也就是说，搞清楚哪些事情是真正需要做的，然后尽力高效地把它们做好。不过，遗憾的是，这个似乎合理的做法却暗含着风险，那就是逐渐把一个人变成效率崇拜的忠实信徒。这样的人觉得，如果自己做不到高效工作，世界将脱离轨道，他们也不应该自我感觉良好。

在好几次采访中，受访者的这种倾向非常明显。一位管理者说："我讨厌无所事事的感觉，讨厌做事情没有成效。我觉得自己做反思没有成效。"另一位管理者说："如果不做点什么事情，我就觉得这一天被白白浪费了。"

很早就有职业塑造性格的说法，人们也乐于拿这方面的事情开玩笑。有个笑话说，一位管理咨询师十几岁的儿子问了他一个私人问题，结果他画了一个 2×2 的矩阵来回答儿子的问题。还有一个笑话是，一位对冲基金经理跟孩子们说，他们有些行为不是"奖金鼓励的行为"，这让旁听的他的妻子着实郁闷。

这些笑话很有趣，不过法语中有个词 deformation pro-
fessionelle[⊖]指出了其中暗含的危险。工作中是怎么成功的，

⊖ 指一个人倾向于从自己职业的角度，而不是从人性或者更广阔的角度来看待事物。——译者注

就用这一套去对付一切，这就扭曲了一个人的思维方式和生活方式。有位高管谈了他从一个要求很高的职位上卸任后的感受："刚离开的时候，我有创伤后应激障碍，那些工作中的邮件和手机信息让我觉得大家需要我，我迷恋那种被需要的感觉。"奥利弗有类似的感受："我喜欢解决紧急问题，我喜欢把事情做好。"

效率崇拜让人们失去了真正的休闲时间，这样一来，人们倒是不必规划怎么度过自己的闲暇时光了。意大利有句古老的谚语——"什么都不做，人生好时节"，表达了一种悠闲自在的生活哲理。不过，当职业习惯浸润到生活的细节中，不管做什么事情都要用投入产出来衡量一下时，休闲的观念也就荡然无存了。有位管理者愧疚地说："我有时候担心，效率和控制，或者控制的错觉，已经成了我生活的默认状态。"对于年青一代来说，这个问题更为严重。最近有项研究发现，很多年轻人把超级忙碌视为一种"积极进取的生活方式"。

那么，回家以后关上门，不把工作带回家，行不行？问题是，在注重成效的工作中形成的心理习惯已经深入身心，我们几乎是自动自发地遵循这些习惯，一旦脱离习惯，我们就会感到很糟糕。20世纪50年代，一位典型的"对公司忠心耿耿、没有个性的管理者"解决这个问题的方法是回家后喝上几杯马提尼，开启自己的夜晚时光，不过那个年代没有电子设备，他不用拿出计算机或手机继续白天的工作。一位管理者说：

有些人认为，如果我们足够自律，不管在哪里，我们都可以按一下头脑里的开关，从工作模式转换成反思模式。我不这么认为，我觉得并没有这样的开关。还有，我一般回家后不允许自己放松休息，因为我觉得我真的应该继续忙工作上的事情。再说了，公司的人都还等着我答复和跟进呢。

内心深处的不安

法国印象派画家埃德加·德加曾经说："有一种成功与恐慌无异。"持续不停地工作可以有效地转移注意力，但这同时是一种强力麻醉剂，一旦意识到暂停下来反思让自己不舒服，我们就会给自己来点这种麻醉剂。一位管理者这么说：

> 我不喜欢反思过去。我的童年不幸福，所以我不喜欢回顾过去的事情。我一直往前看，目标非常明确。要翻越的下一个障碍是什么？下一步要做什么？接下来想取得什么成绩？任务，任务，任务。

采访表明，这一反思障碍体现为多种不同的形式。有时候，它体现为回避具有挑战性的日常事务。一位管理者说，他经常观察到这种现象：

我觉得反思很难，它会让以目标为导向的人产生焦虑。我经常在会议上看到，一旦讨论的议题变难，人们就条件反射般地去摸手机，查看日程安排，或者干别的事情，因为这能让他们放松下来。他们想避开有难度的事情。

有时候想想前面的路，想想前面路上那些需要想方设法解决的问题，也会让人产生焦虑。一位前任 CEO 私下承认，反思让他不安，因为反思会让他想到那些风险高又不确定的长期选择。在另一次采访中，一位事业有成、稳健自信的管理者说到反思时，他的感受从"不安"变成了"害怕"：

> 找个地点，找出时间，在日程表里标出这段时间，或是告诉秘书不要把每分钟都安排上任务，这样做的时候心里有点不安，简直还有点害怕，因为这是我该坐下来，拿出一沓纸，认真做长期打算的时间。我宁愿忙点什么，处理邮件多容易啊。有时候我们是故意让自己忙得要命。

其他管理者说，反思会让人暴露脆弱的情感。一位中年管理者说："我觉得反思就是让人处理一下情感上的东西，让人不那么害怕失败。"有时候，不愿意反思是因为不想面对真实的自己。就像一位非常成功的咨询顾问所说的："这与脆弱的自我形象有关，大多数人都在回避真相。所有人，包括我自己，都有一个虚构的自我形象，我们非常在乎这个虚构的自我形象，紧紧抓住它不放。任何与虚构的自我不同，与真实的自我有关的东西，我们都不愿意去面对。"一位管理者不敢回顾最近工作和生活中的某些方面："反思让人痛苦，让人畏惧，因为反思会让人痛苦地意识到过去一直都做错了。"

超级警觉的大脑

对于反思，最深层的障碍可能来自大脑的一个固有特征：它躁动不安，思绪总是在里面不停地翻飞。在一段时间内，让思路保持清晰并处于我们的控制之下是极少出现的情况，远非常态。因此，即使我们有很多时间，也很难进行传统的反思——平静而专注地进行长时间的反思。

有位CEO在接受采访时说的一段话就是例证。在我做的采访中，有几位受访者基本上是一边反思，一边说出来，这位CEO就是其中之一。下面是他的原话，有点伤感："最近我在重点准备一个重要的发言，内容是过去5年里我个人的经验教训和公司的经验教训。还有，你不要告诉别人，我父亲上个周末中风了，昨天去世了。到现在为止，我已经把从小到大我和他在一起钓到的每一条鱼，打到的每一只野鹅都回想了一遍。"请注意，他的思维，也许还有他的感情，是怎样突然从发言跳跃到他的父亲的。这种跨越话题和时间、前后毫无关联、突如其来的思维跳跃，后来成为我在采访中一个重点关注的方面。

我们可以做个简单的小实验，看看我们的头脑有多么躁动不安。请停止阅读，花一两分钟的时间观察一下自己的脑中闪过多少个念头。我们还可以再花一分钟的时间，把注意力专注在某个具体的动作或事物上，比如呼吸，或房间里的一件东西。很快，我们就会体验到一个根深蒂固的反思障碍。早期佛教徒用"心猿意马"来形容我们的心思不专、变化无常，像猿跳马跑一样难以控制。

为什么控制注意力和集中注意力这么难？最根本的答案可能是生物进化的设计使然。高度警觉的类人猿更有可能存活下来，他们最早注意到剑齿虎在悄悄靠近自己的居住地，最先看到年幼者身上有致命的小昆虫，最早在马上要食用的植物或动物身上发现有毒性的细微迹象。那些警觉、敏锐、随时随地都在留意四周环境的远古人类祖先在生存率上超过了那些头脑迟钝的同类，后来，在漫长的岁月中，他们进化成了我们。总而言之，佛教"心猿意马"的说法不仅形象地刻画了我们飘忽不定的注意力，也展现了这样的注意力在人类早期进化过程中的作用。

显然，反思的障碍有其深层的原因。不过，尽管忙得要命，几乎所有受访的管理者都至少能抽出一些时间来反思。有时候，他们放下手机，享受片刻的宁静。不过，有些东西不像关掉开关那样，说放下就能放下，比如曾经做出的重大承诺，想变得高效能干的本能，对个人难题的无意识回避，还有拜进化所赐，我们大脑中那超级警觉的操作系统。

那么，这些管理者是什么时候成功地从这一切中抽离出来的？怎么做到的？他们所依赖的并非极度的自律和严格的日程表，也不是经常找个没人的地方静静思考。真实的情况是，他们没有直接去攻克障碍，没有直接在重峦叠嶂中炸开隧道，而是另寻他路，在山峦中寻找豁口和通路。我们可以借鉴这个方法，充分利用点滴的碎片时间，镶嵌出一幅属于自己的"60 分"马赛克作品。

你什么时候克服了反思障碍

采访刚开始的时候都差不多，很多受访者会说，他们不是合适的采访对象，因为他们做反思的时间和次数不多。不过，谈着谈着，几乎所有人都说，他们在大多数日子或星期里都做了几次反思。第一次采访完大约 10 天，我对超过半数的管理者进行了第二次采访，这次很多人又想起他们还曾在另外一些时间和地点反思过。最后，有几位管理者说："看来我做反思的时间比我认为的要多。"

这意味着什么呢？首先，管理者一开始说他们没怎么反思的时候，他们的意思是没有经常拿出一整段时间做反思，也就是说，他们没有采用传统的反思方法。其次，这些管理者做反思时用了各种各样的方法，不过他们以为这是自己因时因地制宜想出的方法，只有自己才用。

实际上，他们的方法很实用，有的时候可以说非常有价值。在一天或一周的时间里，有那么一些时候，他们能成功地绕过自己的反思障碍。他们摸索出了很实用的方法，避开智能手机的巨大诱惑，让自己高速运转的大脑放慢速度，暂时放下重大承诺的挑战和重负，停止追求单位时间内的效率最大化，有时候，他们甚至能够反思一下平常不愿触及的话题。

好像他们，还有我们，与生俱来即有强烈的动机做反思。或许那些时常停下来反思周围境况的远古人类更有可能存活下来，后逐步演化成现代人类。不管怎么解释，这些采访说明管理者们在忙碌的生活中寻觅到了空隙时间，经过一番努力，把它们变成了自己的反思时刻。

要想把空隙时间变成反思时刻，我们需要留意观察自己。根据在采访中得到的经验之谈，我们可以从五个方面进行观察，并问自己两个问题。第一个问题是："这个方法对我有用吗？"第二个问题是："这个方法我已经在用，我能不能把它扩展或强化一下？"

何时何地

想想过去几天，或是想想上周，当你觉察到自己抽离出来进入反思状态，哪怕只是反思了一小会儿，那时候你正在干什么？这个问题的用意是让我们留意，在我们成功突破反思的障碍而抽离出来的时候，我们在哪里，正在做什么。

我们通过思维反思，所以我们很容易忽视这样一个简单的事实：思维植根于大脑，而大脑与神经系统和感官系统相连，所以说身体是思维的生态系统。因此，物理空间的变化以及不同的身体姿势都会影响我们的思维，影响程度很大，但不易觉察。

这就解释了为什么在反思的时候，大部分管理者真的会往后退几步。这个举动意味着他们让自己与日常事务隔开一段距离。一位管理者说："我一直觉得环境很重要。即使有时间，我也不可能随便在哪里都立马把自己调至反思模式，所以我在思考合适的环境应该是什么样子的。"另一位管理者说："我需要把做反思的地方和空间布置得很神圣。"

比如，本书开头那位 CEO 的"极简建议"——"看到你两脚蹬在桌子上看向窗外"，也涉及身体姿势和目光的改变。几位管理者说他们在办公室里会做类似的事情。一位女性管理者说："我有时候到沙发上坐会儿，这样我就不会被桌子上的工作淹没。有时候到窗户边站会儿，看看不一样的景色，转换一下被动的状态。"

很多宗教对教徒有类似的要求，这并非偶然。它们要求教徒们修行的时候去特殊的地方做礼拜，在很多情况下，还要遵循一系列的仪式：站立、端坐、跪拜、唱诵、有意识地关注呼吸，等等。除了传统宗教，很多现代的冥想活动也采用同样的方法。

关掉计算机显示器，看看窗外，闭上眼睛，去散会儿步或者试着放慢呼吸，这些让人在身体层面上从当前事务中抽离出来的动作背后有一个潜在的重要理由。坐在桌子旁用计算机工作，或是参加会议时，需要人们用相应的方式集中注意力，并且做系统性的思考。随着时间的推移，一些身体层面的活动与特定的思维活动建立了惯性的密切连接。当我们身处某些地方，或者做某些事情的时候，用某种方式进行思考变成了自然而然、相对比较容易的事情。

几乎所有受访的管理者都挤出了时间，找到了合适的地方，从连轴转的繁忙生活中抽离出来反思一会儿，哪怕时间短暂，不容许他们思考周全，但这种方法依然用处很大。几个月或者几年下来，他们慢慢知道了哪种方法对自己有效，虽不是每次应用都效果良好，但大部分时间都非常有用。总体上看，自然而然地做反思，甚至享受做反思的过程非常重要，因为这样更容易突破令人生畏的反思障碍。

顺带反思

大约15个管理者的反思方法有点出人意料，他们是在从事（更确切地说是在"部分从事"）另一件不相关的活动时进行反思的。这就是说，他们对正在从事的活动只给予少许的关注，用这种方式让自己抽离出来，把大部分注意力放在思考更重要的问题上。管理者们做很多事情的时候会做顺带反思，最常见的两项可顺带反思的活动是锻炼身体和开车上下班。

乍看起来，这种反思方法不大对头，它像是一心二用，而一心二用经常意味着同时做两件事情但都做不好。不过，这些管理者大多坚持说这种方式非常有用，如果我进一步追问，他们大都会说，他们并不是同时做两件不一样的事情。用一个计算机术语做类比，那些常规的重复性的活动就像"在后台运行"的任务，而他们的注意力集中在工作和生活中优先级别最高的重大问题或严肃问题上。

几位管理者还坚持认为，这种在从事某种活动时进行的顺带反思实际上提升了反思的效果。两位热衷于倡导反思的管理者相信，运动会让人充满活力，会增加脑部的血流量，让反思效果更好。其他几位管理者觉得，在某种方式上，适度的分心可以让重要的想法和感受从脑海深处浮现出来。有位管理者说："运动一段时间后，你会觉得有点累，这时理性和情感的阀门会放松一点点，然后你会想明白一些事情，或者开始思索一些你往常会回避的事情。"

有位管理者向我详细地解释了他是如何利用跑步时间的。他说，很多时候该读的东西都读了，该咨询的人也都咨询了，该做决定的时候他会去跑步，在跑步中做决定。跑步的时候，他没有什么日程表或者待办事项清单等着他去执行，而且出来锻炼身体会让他处于良好的"高效"状态，跑步这种分心程度较低的活动可以让他冲破思维的羁绊，从崭新的角度看待问题。乔治·希恩是位医生，也是跑步界的导师，写过好几本关于跑步的畅销书，他认为适当的运动可以帮助一个人用非常有价值的方式进行反思："前30分钟，我为我的身体而跑；后30分钟，我为我的心灵而跑。"

另一种顺带反思通常发生在上下班的途中。这有点儿让人感到惊讶，因为大多数管理者开车上下班，而开车需要集中精力小心驾驶。他们通常在车速缓慢，开车时间在半个小时到一个小时的时候做顺带反思。他们说刚上路的时候一般是先听听音乐、新闻，或是广播电台的谈话节目。过一会儿，他们会关掉收音机，思考工作上的紧急问题。不过，这些问题经常带动他们思索一些更大更长远的问题，既有职业方面的，也有个人方面的。

例如，有位管理者说：

> 我下班回家的路上车速很慢，这时候我会反思一会儿，想到哪儿是哪儿。车里有一沓纸，我思考的时候会把想到的一切都记在纸上。开车的时候我从来不听音乐，也不聊天。因为车里只有我一个人，不用跟人聊天，所以特别容易集中注意力，反思不

耽误看路——这个只用一半大脑就够了，另一半大脑可以用来想事情。

我疑惑地问他们，开车的时候能好好反思吗？思考其他事情的时候能安全驾驶吗？这些管理者的回答是，这对他们根本不是问题，尤其是车速缓慢的时候，更没有影响。对他们来讲，上下班开车的时间确实是反思的好时机。有位管理者说："让大脑在后台有一定量的工作，可以让它真正地思考。"

开车反思时，这些管理者的具体做法因人而异。他们的做法是很好的范例，我们可以从中借鉴，发展出属于自己的马赛克式反思方法。例如，有几位管理者事先安排好在路上要想的问题，其他管理者则是想到什么问题就思考什么问题。有些人在纸上做简单的笔记，有些人用手机录音做记录。一位年轻的管理者提到了一件很特别的关于顺带反思的故事。她先谈及了自己开车上下班的时候做反思，接着话锋一转，谈起了她的父亲："我父亲是一位农民。他说他不去教堂，因为开拖拉机的时候做了很多思考，没必要去教堂反思了。"

除了在锻炼身体和开车上下班的时候做反思，几位管理者说他们在沐浴的时候经常会因反思而想到一些好主意。一个日本的管理者不无遗憾地说："出门在外最不方便的一点是没有浴缸。躺在浴缸里的时候，既温暖又安静，一个人那么待着可以回想很多事情。"

使用顺带反思方法的管理者们相信，虽然同时做着其他事情，但他们的主要精力都集中在反思上。几千年来，很多宗教中都有那种重复性的宗教仪式，比如唱诵和念经，而顺带反思就是一种与之类似的现代的世俗方法。更重要的是，对于很多管理者来说，这种方法非常有用，用了这种方法，他们能做更多反思。

合适的对话

传统上，人们通常以为反思意味着独自安静地沉思。其实，与他人进行反思性对话也是一个很好的办法，非常值得我们学习和使用。大约五分之一的受访者说他们有时会使用这种方法。对他们来说，反思是社交性的活动，而不是一个人做的事情。

反思性对话需要合适的交谈对象，但怎么知道谁是合适的交谈对象呢？管理者们在采访中表示，这不太好用语言来描述，但他们心里知道。有位管理者说他有一个非常信任的工作伙伴，"我们坐下后，会有种不一样的气氛。在这种气氛中，我们可以推心置腹，倾心交谈"。虽说不太好用语言来描述，但是从采访中还是可以看出合适的交谈对象有几个特点。

通常，合适的交谈对象跟我们在工作或生活方面有共同的经历，是我们非常熟悉的人。有位管理者的交谈对象是她父亲。"我们就是谈谈当天发生了什么事情，"她说，"我每天都和他聊会儿，我的通勤时间大约是45分钟，我跟他做反思性对话的次数最多。"一位从事金融行业的年轻管理者说，他跟他的母亲每周也有几次这样的交谈。几位管理者在工作中有信任的交谈对象，"你有事情想好好谈谈的时候会去找他们，去他们办公室，关上门，好好谈一谈"。

不过，共同的经历并不是必要条件，能够感受到两个人之间的连接才是决定性的因素。用一位管理者的话来说，"感觉这个人跟我合得来，不过这个合得来是指在深层次上合得来"。与这样的人谈话，会很自然地直接从重要或严肃的问题开始谈，略过寒暄和闲聊——正如一位管理者所说的，"那些特别肤浅的谈话，看起来双方既亲密又友好，但其实内容没什么意义，也不会深化两个人之间的连接"。

有时候，合适的交谈对象是那些非常擅长提问题的人。有位管理者说："你需要你信任的人来问你一些问题，这些问题非常有挑战性，你甚至有点希望他们别问，不过过后你会意识到这正是你需要的。"一位管理者说，他以前有位老板特别擅长反思性对话：

　　说起来，他并没有给过我任何建议。多年以后，随着智慧渐增，我开始做领导。我觉得急于向下属追问实在是有点儿强人所难，因为人们需要有反思的空间。你的言行像一面镜子，能帮助他们看到自己采取的行动和存在的问题。身为领导，重要的是做出回应，通常是微妙地做出回应；让他们知道你关心他们，合适的时候可以用点儿肢体语言；还有就是只问恰当的澄清性的问题。你要用非常巧妙的方式帮助别人把问题弄明白。

有时候，你需要从经历和观点与你不同但跟你互补的人那里获取问题。有位管理者说："我很幸运，我先生是特别棒的交谈对象。我们经常沟通孩子的事情，还有我工作上的问题。他知道我往往过度分析问题，所以他会有意做出平衡。"

跟其他反思方法一样，在博采众长的基础上琢磨出适合自己的反思性对话方式非常重要。例如，曾经在一家美国大型零售企业担任高管的管理者使用书写和交谈相结合的方式：

> 所有的前期工作都是我自己做的。我不跟别人讨论这方面的事情，跟自己的配偶和朋友也不谈。我想到什么就写在黄色便笺上，试着找出各种影响因素，写下我思考的内容，喜欢什么，不喜欢什么，看看能不能从中找出一个模式。在思考得差不多之前，我不会去找人谈话或者做出决定。我确实需要帮助，但我不能一股脑儿地把一堆乱七八糟的数字都推给我的谈话对象。他们不是心理治疗师，所以我都是自己做这些整理工作。

除了跟合适的一个人做反思性对话，还有一种方法是跟合适的一组人做反思性对话。对于这种方法，前面提到的连接、信任和同理心依然重要（对所有形式的反思性对话而言，这几项都非常重要），它的不同之处在于环境不一样。例如，一位管理者说她每隔几周就跟几位"关系很好的工作上的朋友"见面，谈谈让他们各自烦恼或难受的问题。另一位管理者说，隔上几周，他和几位朋友会在下班后去喝几杯。他们一般先聊会儿体育，几分钟之后，他们便会觉得"可以把工作上的难题，甚至一些私人问题拿出来，开诚布公地谈一谈"。

这些采访表明，我们可以在工作场所、家里、餐馆，还有很多其他地方做反思性对话，可以谈各种各样的话题，对话不需要中规中矩，也不需要遵循什么特定的模式，只要"60分"就可以。因为对话是在信任、保密、理解的氛围中进行的，所以能够帮助我们在某个问题或担忧的事情上取得一些进展。

书面反思

另外一个"60分"的反思方法是偶尔做一下书面反思。大约四分之一受访的管理者说他们使用这个方法，至于频率，则取决于他们想写的意愿以及日程安排的情况。他们之中没有人定期做书面反思，一般有需要的时候才做。有位管理者说："我有一个私人日记，实事求是地说，我可能每隔三个月才写一次，主要写我在工作上和个人人际关系上的进展和状态。"

　　这些采访清楚地表明，与其他"60分"的反思方法一样，我们做书面反思的时候也可以使用各种各样的个性化方法。大多数记日记的管理者采用手写，因为他们觉得手写可以让自己慢下来，思考得稍微深入一些。一位管理者说他会在网上写下关于信仰的反思。他说，因为这样的日记"可以检索"，所以他很容易找到过往人生中他思索某个特定问题的时刻。

　　还有一个大家称之为"读书笔记"的方法。一位管理者说："我有一本读书笔记，每次遇到对我有启发的或是让我深思的内容，不管是读到的、听到的、别人发给我的，还是从其他途径得到的，我都会记在这个棕色的皮面本子里。我从大学开始用它记东西，到现在已经记了几百页了。我时不时地会拿出来看看。"

　　通过这些采访，我们可以了解到，要找到一个行之有效的个性化反思方法，重要的一点是思考的时候要有想象力，不要被传统的记日记或笔记的方法束缚住。有一个管理者的方法是"随身携带本子，随时写点东西"。另一个管理者的方法是飞快地在纸上记下最初的随意想法，他把这些想法称为"记录在纸上的一些随意的大脑神经脉冲"。一位年轻的工程师需要做决定的时候，会把她的想法写在电子表格里。她说："归根到底，我是位工程师，习惯做分析。我想通过一步步的拆解和分析，找到问题的根本原因。"

　　管理者们使用的书面反思方法各具特色，不仅如此，他

040 · 学会反思：通过反思提升洞察力、创造力和领导力

们还有其他很多个性化的"60 分"反思方法。例如，有位管理者分别在一天开始和结束的时候做简短的"书挡式"反思，看看哪些事情已经完成，哪些还需要继续。一些有虔诚信仰的管理者尽量每天早上读几分钟《圣经》，大多数日子里他们都可以做到。一家《财富》500 强企业的 CEO 参加了一个在线学习《圣经》的项目，每天学一段《圣经》并写下初步的反思。有位管理者发现，她在从事她的爱好（进行装置艺术创作）的时候反思，效果特别好。另一位管理者遛狗的时候会有意避开他人，因为这是他最佳的反思时间之一。

这些管理者是如何形成既灵活又契合自己情况的"60 分"反思方法的呢？有些人有意识地去探索适合自己的方法。一位非常成功的管理者多年来每天都做反思，缘起是他妻子劝他去参加一个周末反思工作坊，他不情愿地去了，结果回来后每天反思成了他的习惯。也有人与他相反，一位麦肯锡的合伙人说："我有位朋友经营着一家很大的人力资源公司。他有时会跟我说，他参加了一个 24 小时的静修营，有多么多么好。我的反应是'再过一百年，我也不会去'。我这个人是不会去参加那种活动的。"

不过，总的来说，有意识地探索反思方法只是个例，不是普遍情况。大多数管理者是慢慢通过自我观察，了解到哪些方法对自己有效。他们尽力把某种反思方法变成生活的一部分，但不是一成不变的。生活和工作发生变化时，他们会相应

地做出调整。一位退休的人力资源经理人说："我的人生目标之一是弄明白我有哪些反思方法，哪些有效，哪些没效。"

"60 分"反思有用吗

对"60 分"反思方法产生疑虑并不奇怪。它们可能是我们迫于工作和生活的压力而采取的退而求其次的方法。不过，就我们看到的真实情况来说，认真负责的管理者经常处于日夜忙碌的状态，对他们来说，反思的时间一向少之又少。因此，在悠久的反思史上，一些重要人物使用灵活、因时因地制宜的方式来深入思考工作和生活中的问题。

以古罗马哲学家皇帝马可·奥勒留所写的著名随笔为例，这本名为《沉思录》的薄薄的小书在世界各地出版了无数次。其实，这本书最初只是奥勒留的私人笔记，原始文稿的名字《给自己》是更为贴切的书名，因为这是奥勒留写给自己的反思笔记，从来无意出版。

这本书告诉我们，尽管马赛克式反思有其不足，但它不失为一种非常有用的方法，可以让我们抽离出来，深入思考，找到克服障碍的方法，达到反思的目的。虽然写作时有间断，但奥勒留还是能够反复回到他关心的主题和问题。他在鞍马劳顿的间隙中所做的马赛克式反思成了一部经得起时间考验的伟大著作。千百年来，各行各业不计其数的人都从他的著作中寻求智慧、指引或是慰藉。

这本书的很多篇章写于征战途中。奥勒留在位期间，日耳曼民族频频入侵，他身先士卒，领兵反击，这场战争延续了 13 年[⊖]之久。他长期住在多瑙河岸边的帐篷里，那里阴冷潮湿，只有营火可以取暖。罗马皇帝们惯享的富贵、闲适和安逸与他基本无缘。不幸的是，奥勒留在前线忙于征战，后方却发生政治叛乱，瘟疫也在罗马肆虐，死了三分之一的公民。一位传记作家说，奥勒留从未得到"仙女之吻"——上天赋予人的安逸、欢笑和享乐。面对责任，他鞠躬尽瘁，这让他的身体每况愈下，最终过劳而死。

虽然夙兴夜寐，但奥勒留依然找到了反思的时间。历史学家们不清楚他写作《沉思录》的时间和方式，这本书很薄，大多数版本都只有一百页左右。书中的每一小节都比较简短，成书时被松散地编排成了十二卷。从书中可以看到奥勒留的思绪流转非常之快，在一两段文字之内，他写到了对他人的观察，对本性的领悟，对自己失败的训诫，应该如何度过一生，老师的教导，以及其他话题。这些思绪的片段似乎写于很短的时间间隙内，很可能是在晚上，因为只有晚上他才能暂时放下重担，有闲暇和精力写作。

与受访的很多管理者一样，奥勒留会在繁忙的生活中抓住机会进行反思。他甚至把这些时间命名为自己的"安静时间"。他

⊖ 疑原文有误。

还善于运用自己独特的顺带反思方法，给繁忙紧张的生活增添一些美好。"沉浸于生活之美，"他对自己说，"仰望星辰，看见自己与它们一起奔跑。"奥勒留是马赛克式反思的最早实践者之一，他的《沉思录》有力地向我们展示了这种反思方法的灵活性和有效性。对于担当重任的管理者，奥勒留的做法极具参考意义。

用好"安静时间"

假设我们使用了本章给出的某些方法：不时观察自己；寻找合适的时间和地点，让繁忙的工作和生活放慢节奏，将自己抽离出来（哪怕为时短暂，还有一半心思系于工作和生活），尽力绕过障碍，进入反思之境。无论多么短暂，这些都是我们的"安静时间"。

可是怎么利用这些安静时间？抽离出来之后，具体做什么？该把注意力放在哪里？该努力思考什么？该如何利用这些时间克服横亘在我们面前的反思障碍？

针对以上问题，接下来的三章每章都给出了一个久经考验的答案。每个答案，从根本上来说，蕴含着不同的基本反思方法。反思之道源远流长，每个答案都历经打磨。我对上百个管理者的采访也证实了这些方法的价值，他们中的很多人都在践行这些方法，即使他们不知道这些方法的起源，但这并不妨碍他们用这些方法极大地提升了自己的工作和生活的质量。

03

第三章

偶尔慢下来

"慢下来"是一种基本的反思方法，已有几千年的历史，人们称之为"沉思"。梭罗在瓦尔登湖畔的林中小屋离群索居了两年，因为他"希望生活得自在从容，只面对生活的基本现实……而不是等到弥留之际才发现自己从未真正生活过"。

在繁忙的工作日，一位管理着 1500 多人的高管用一个特别的方法为自己创造一点反思时间。去其他地方开会时，她有时候会提前出发，不是为了确保准时到达，只是为了"慢慢走到那儿"。她这么做，不是为了发现问题或寻找机会，也不是为了做"走动式管理"。用她自己的话说，她唯一想做的是"感受一下事情的状态"。

让我惊讶的是，有几位管理者对反思的理解跟她差不多。其中一位说："有时我尽量活在当下，不活在过去，也不预测未来，与面前的人、问题或所处的环境全然地在一起。"另一位补充道："我需要留出时间，做事情不要太用力，多一分冷静，少一分狂热，看看会发生什么。"这些管理者想表达的是，专注、务实和分析性思考几乎已经成为自动运行的默认模式，他们想偶尔从这种模式中解放一小会儿。

在工作中，我们的大脑经常像赛车的发动机一样，带着我们开到时速 200 英里[⊖]。这些管理者想从这种状态中脱离一会儿，在精神上"降一挡"（慢下来）。"慢下来"是一种基本的反思方法，已有几千年的历史，人们称之为"沉思"（contemplation）。这个词源自古罗马的习俗，古罗马人把一些地方指定为神殿（templae），大祭司们在神殿中静观自然

　⊖　1 英里 = 1609.344 米。

变化，以期从中读出神的启示。

慢下来，或者说沉思的时候，我们要有意识地中止分析性思考、成本效益分析、提前规划等常规的思维习惯。慢下来的目的只是四处看看，遇到感兴趣的事物观看一会儿，必要的时候进行仔细观察。在很多场合，例如会议、交谈、与家人和朋友在一起或是独自相处的时候，慢下来可以让我们真正看到并彻底理解什么是真正重要的。对于他人、局势、未决的事件，这种反思方法可以让我们处于当下，保持觉知，实时做出回应。总之，它的根本目的是让我们获得深度的体验。

有时候，慢下来可以对一个人的生活产生深刻的影响。梭罗在瓦尔登湖畔的林中小屋离群索居了两年，因为他"希望生活得自在从容，只面对生活的基本现实……而不是等到弥留之际才发现自己从未真正生活过"。一生勤于反思，以三卷《随笔集》留名于世的 16 世纪法国思想家蒙田也持同样的观点。不过，相比对死亡的思考，蒙田更在意如何提升生活的质量。他写道，"享受独处，并且真实地面对自己，绝对是一件再完美不过，甚至称得上神圣的事情"。

慢下来或者沉思的根本目的是加深当下的所思所觉。那么，这种基本反思方法在实践中意味着什么？实际去做的时候该如何着手？它怎样帮助我们克服反思的障碍？在研究沉思史的基础上，再加上对一百多位管理者的采访，我从中得出了慢下来和获得深度反思体验的四种基本方法。每种方法都各有优劣，所以我们应该悉数尝试，看哪一种最适合自己。

思维漫步

第一种慢下来的方法是让思维漫步，看看这场漫步之旅把我们带到何处。也就是说，把视线从计算机屏幕上移开，抬起头，从任务堆和职责里面暂时脱身，稍事休息。如果这对你来说有点困难，那么告诉自己，磨刀不误砍柴工。在几分钟的思维漫步之后，辅之以其他形式的"慢下来"，我们甚至可以反思一下平常让我们不舒服的话题。

例如，有位管理者说他偶尔去上瑜伽课，有一次在瑜伽课上的经历深深地印在了他的脑海里。此前的几个星期，他一直在处理父亲去世之后的一长串实际问题。有一次上课的时候，他发现自己正在观看"头脑里放映的一部幻灯片"。

他看到母亲在老家继续生活，看到她使用辅助型生活设施。他看到他的妹妹，那位生活乱成一团的妹妹，因为父亲的去世和母亲的处境而做出改变。他看到自己跟年幼的女儿们谈话，谈论一个尚不清晰但很严肃的问题。这部"幻灯片"没有旁白，也没有字幕。他没有想去决定什么，或从中得出什么结论，只是任由这些片段和回忆掠过他的脑海。

思维漫步可以把我们带往几个不同的方向，或许我们发现自己只是在公司或家里观察周围发生的事情，或许是之前忙于其他事务时被搁置的问题浮现于脑海。有时候，思维漫步还意味着对自己的情感流动给予轻柔、温和的关注，用一位管理者的话来说，是体会一下"皮带扣以上，脑袋以下"这部分身体的感受。

这种慢下来的方法没有路线图或是规则可以遵循。我们所要做的就是花上几分钟的时间，让想法、感受、注意力顺其自然地流动。这可能看起来简单，但实际做起来非常具有挑战性，尤其是对那些习惯于做完一件事赶紧做下一件事，以高效为荣的管理者而言。换言之，这种方法需要专注地做到"不专注"。

在采访中，我发现好几种思维漫步的方法。有位管理者说，她每个周末"都留点时间，放空大脑，有意识地不把注意力集中在任何事情上，比如拿一杯酒或是咖啡，坐在舒服的椅子上，除了喝东西，什么也不干"。我们也可以找一些让思绪放松下来的地方。那位在美国出差期间无法泡澡的日本管理者说："我从早到晚几乎都在做规划，所以有时候我得泡泡澡。躺在浴缸里的时候，我什么也不想，只享受浸在水里的感觉，享受那份静谧。"

上面这些慢下来的例子中的方法和蒙田的反思方法差不多。蒙田的日记体现的是一种简单、朴素的内省（introspection）。内省的字面意思是"看里面"，蒙田所做的就是看里面——观察并把出现在头脑中的想法和感受记录下来。思维漫步并非源自西方，它的根源可以追溯到两千多年前的东方。那时候，佛陀和孔子的最早一批弟子实践出了各种各样的冥想方法，这些冥想方法都围绕着同一个问题：此时此刻，我在经历什么？

是什么让思维漫步变得有价值？ 20 世纪初，一位名叫约翰·拉伯克（John Lubbock）的了不起的英国人写下了他的答案。拉伯克是银行家、活跃的国会议员、慈善家，他在考古学和古生物学领域有重要著述。他的一生，好像一直在忙于一连串既艰难又重要还有趣的工作。但是，就是这样的一个人写道，"休息不是懒惰，躺在夏日树荫下的草地上，听水声潺潺，看云卷云舒，绝对不是浪费时间"。

拉伯克的观点已经被现代大脑研究所证实。直到 20 年前，认知神经科学家还认为，当我们没有专注于一项任务时，大脑的神经回路即处于关闭状态，就像一辆汽车虽然开着引擎，但已经处于停车状态。如今，大量的证据揭示了一个完全不一样的事实，即大脑其实一直处于活跃状态。专注地思考如何做事情以及实际去做的时候，我们使用一个特定的神经网络。当上述事情停止时，另一组神经回路就会亮起。在默认情况下，这是自动发生的，因此被称为默认网络。

对默认网络的最新研究表明，安静地沉思在很多方面都发挥了重要作用。它是创造力的源泉，能够使孩子全情地投入玩耍，能够帮助我们有意识地规划未来，提升自我觉知，提高情商，增强道德判断意识。甚至有迹象表明，我们的大脑在"低速运转"时所用掉的时间，实际上能帮助我们在面对任务时更好地进行有意识的、分析性的思考。

安静地沉思还会给予我们更深层次的回报，那就是使我们的内在生活变得更加充实。所谓内在生活，是指相对于当今社会所鼓励的那种高效、积极的外在生活而言的生活。美国小说家玛丽莲·罗宾逊（Marilynne Robinson）在其获得普利策小说奖的著作《基列家书》中指出了安静地沉思的重要性。她在书中写道，"我知道的，远比我现在所知的要多，我要以己为师"。惠特曼在他著名的《自我之歌》中也有异曲同工之句："我四处闲游，邀得了我的灵魂与我一起。"

各种形式的思维漫步看起来相当简单，甚至非常容易。你只需要照着那位 CEO 的建议去做，两脚高高地跷在桌子上，眼睛注视窗外。不过，这种反思方法涉及三个问题，每个问题都可能阻碍我们克服反思的障碍。

第一个问题是有些人发现自己很难停止思考，放松对思维的控制，安静地观察自己。他们无法像约翰·拉伯克建议的那样，躺在草地上听流水的声音。他们做不到这一点，就像有位管理者说的那样："有时候我希望大脑有个开关，我能把它关掉，什么也不想，不过我一直没发现怎么关掉。"有些人几乎一直无法停止思考，另外一些人有时候可以停止，有时候无法停止。对后者来说，无法停止思考时，他们需要用其他方式慢下来。

　　第二个问题是，关注"当下"对有些人来说可能是空洞的建议。换句话说，在所谓的当下，注意力应该放在哪里呢？四周有大大小小很多东西，我们应该关注哪一个？应该关注身体的感受，抑或掠过我们脑海的某种或某些情感和想法？应该关注浮现出的某些回忆，还是待办事项清单上那些不停发出"叮咚"提示音的任务？画家的作品，看起来像是现实的直接再现，但实际上画家在绘画的时候，对于描绘哪些风景和人物以及如何描绘，都做了大量的取舍。对于画家，当下不是单一的简单的事物。对我们来说，也是如此。

　　对于这个问题，蒙田理解得非常深入，并做了精彩的阐述。反思的时候，他尽可能忠实地抓取并描述自己的直接经验、想法和感受。尽管如此，他最后还是发出感慨，"我无法让我的描绘对象静止不动。它不停地移动，一直在摇晃，好像天生就喝醉了一样……我不描绘存在，我只描绘转变"。

　　最后一个问题是有些人老是不停地想某件事。有时候，我们的想法会反复回到某件事情（某个问题或是某种忧虑）上，它就像一首曲子在脑海中回旋，一直挥之不去。有位管理者说，她想安静地坐会儿时，头脑中却经常盘旋着"一些之前搞砸了的事情，或是一些存在分歧或令人恼火的关系"。

　　总之，不是每个人都适合做思维漫步。幸运的是，还有其他慢下来的方法。这些方法的共同点是以一种温和、轻柔、开放的方式来集中我们的注意力，帮助我们获得或长或短的深度体验。这些不同的慢下来的方法好比色彩和图案各异的马赛克瓷片，我们可以根据自己的需求、偏好、时间，在一天或一周的时间内使用不同的组合，提升自己的体验。

放慢节奏

有位管理者谈到他对反思的理解时，表达了歉意，因为他觉得自己说的可能是老掉牙的观点。他说，有时他或他的妻子会注意到一些事情，比如有时他们的某个孩子会特别友善地对家里其他孩子说"观察"。他们有时用这个方法来放慢节奏，真正去体验一些事情。通常，我们脑中有个过滤网，我们用它来过滤想法、情感、类别，用它来解读现实。他们所做的，是暂时关掉这个过滤网，从而创造更深刻的体验。

贵格会教徒做礼拜的时候，有项仪式是安静地坐着，观察自己的体验。一位神学家说，这样做可"让我们体验一种观察方式，带我们超越文字的限制"。这种方法容易理解，也容易做，因为它的实现方式多到不计其数。基本要点是留意你正在做的事情，有意识地放慢速度，然后单纯地观察你的体验。

反思性的日记就是清晰的例子。从这些文字里，我们可以看到写作者仅仅是想描述并重温自己的体验，没有做分析，也没有总结什么经验教训。说到写日记这件事，拿出时间，坐下，一笔一画地写，这本身就是让自己放慢节奏的一个练习。

20世纪最值得关注的日记作者大卫·利连索尔是一位知名度不高但非常成功的高管。20世纪30年代，利连索尔领导成立了田纳西河流域管理局，负责管理田纳西河流域庞大的水资源设施。20世纪40年代，在原子能技术走向不明，极大地造福人类或是彻底毁灭人类文明皆有可能之时，他担任了美国原子能委员会的创始主席。20世纪50年代，他创办并运营一家国际咨询公司，为发展中国家的大型政府项目提供咨询服务。

虽然一直重任在身，但利连索尔忙中偷闲，把所见所思所想都记录了下来，最终集成六大卷日记。很多日记都是单纯地记录一些事件，有大事，有小事，当然，有些事也很好玩。例如，有一则日记写了他在伊朗时发生的故事：他和伊朗农业部部长以及两位美国石油公司高管前往一处大坝工地，那三个人都戴着厚重的太阳镜和大大的降噪耳罩。看到他们映在窗户上的影子，利连索尔不禁想起了日本神厩舍上常见的那三只分别捂着眼睛、耳朵和嘴巴，表示"非礼勿视、非礼勿听、非礼勿言"的猴子。

在这则日记里，利连索尔只是单纯地描述这段经历，好像是想重新体验和回味一番那段趣事。这与作家阿娜伊斯·宁所主张的写作精神一致——"写作让我们两次品味生活，一次在当下，一次在回忆"。很多著名的日记里都有类似的大段描写。例如，《安妮日记》的作者安妮·弗兰克经常在日记中描述她们一家在躲避纳粹分子期间的生活细节，与她们当时可怕的生活环境相比，这些细节似乎显得微不足道，却另有一番意义。

利连索尔和安妮·弗兰克的日记，以及其他很多人的日记，与17世纪伦敦政府官员塞缪尔·佩皮斯的日记一脉相承。佩皮斯的日记庞杂丰富，生动翔实，被公认为第一本现代日记。佩皮斯事无巨细地记录了他的生活日常，他的写作风格热情洋溢、生动活泼，有时候还坦率得让人惊讶，例如他在日记里如实记录了自己的风流韵事和私人习惯。因为行文生动、风格坦率，佩皮斯的日记一直吸引着众多的读者。

如何找到适合自己的观察方式呢？一种做法是偶尔放慢节奏，写写日记。大约五分之一的管理者采用这个方法，或者在努力尝试这个方法。另外一些做法与那位高管走着去开会的方法类似。最主要的一点是找到适合自己的放慢节奏的方法，哪怕只是慢下来一小会儿也行。想在思维方面慢下来，通常需要先让自己在身体层面慢下来，这就好比用很慢的速度旋转老式收音机的调频旋钮，以便接收到远方的信号。

《追忆似水年华》是20世纪早期法国文学大师马塞

尔·普鲁斯特最著名的作品。这本长达七卷的书里有大段大段细腻深刻的内心独白,字里行间透露出普鲁斯特的生活态度,例如"不要走得太快"。在人类历史上的大多数时期,都有智者给过类似的建议。在生活节奏缓慢的年代,做到这点可能相对容易。不过即使是生活在400多年前法国乡村的蒙田,也在他的随笔中写道,"经验告诉我,我们经常毁于操之过急"。

所以,一些管理者会在繁忙的日子里偶尔忙里偷闲,拿出一小段时间,用各种各样的方法先在身体层面放慢节奏,让自己慢下来,以期在公司、工厂、家庭、社区里获得深入的观察和体验。有位管理者说,"我的人生目标是每天琢磨怎样放慢节奏,怎样让自己慢下来"。

体验自然

在受访的管理者中,只有极少几位是"粗犷"的户外爱好者,不过有几位管理者说他们的反思方法是静静地观察和体验大自然,方式不一而足。这种反思方法有悠久的历史,在当今社会也几乎人人适用。这也是让思想放飞一会儿的方法,与思维漫步相比,这种方法较少出现后者涉及的三个问题,即很难停止思考、不知道注意力应该放在哪里、老是不停地想某件事。

体验自然会让我们进入沉思的心境，这不足为奇。心理学家、生物学家和博物学家们用"热爱生命和自然的天性"（biophilia）来形容这一现象。在生活和演化过程中与自然关系密切的远古祖先们把亲近自然以及其他生命形式的天性遗传给了我们。由此，也可以解释一些现象，例如为什么养宠物能提高很多人的幸福指数和健康水平，为什么医院里床位靠窗能看风景的病人恢复得更快。

体验自然有多种多样的方式，不是说去树林里徒步一天才算体验自然。一个非常简单的方法是在工作过程中抽出一两分钟的时间休息一下，看看计算机里美丽的风景图片，看看办公室里的绿植，或是欣赏一下墙上的画。有位管理者说，她有时会离开办公桌，走到窗边，看一会儿不远处的一棵小树。有些管理者会尽量在工作日的时候去外面散一小会儿步。有位管理者大多数晚上都会在浴缸里泡一小会儿热水澡，他特别喜欢看卫星在夜空中移动，因为他父亲是美国最早的宇航员之一。

体验自然可能听起来简单，做起来却不容易，特别是在我们觉得应该努力埋头工作的时候。一位管理者说，她的农民父亲说过："能出去走走，随意抬头看看天空的人太少了。"这种慢下来的方法通常需要努力拿出一点儿时间，可能还需要有个大致的时间安排。有两位管理者说，他们在周末一定会去外面坐坐，只是喝杯酒或是咖啡，不做其他事情。其他管理者会有意识地时不时去散个步，其中一位说："我总是一个人打高尔夫球，夏天的时候早上5点或5点30分就可以出去。一个人打高尔夫球时非常适合反思一些事情，是一种禅。"

不过，这些对自然的简单体验算得上沉思吗，还是说它们只是一些愉快的休闲方式？答案是肯定的，我们只需要简要回顾一下悠久的反思史，便可明白这一点。例如，伊纳爵·罗耀拉在《神操》中提供了一个为期四周的灵修计划，该计划严格、详细、全面，在很多方面体现了他早年的从军经历。然而，一位罗耀拉的传记作家写道："最能慰藉他心灵的事情是凝望天空、星辰和大海，他经常这么做，有时候凝望很长时间。"耶稣会诗人杰拉德·曼利·霍普金斯（Gerard Manley Hopkins）的诗句"世界充满了上帝的宏伟和荣耀"是对罗耀拉这一做法的最好注解。

奥勒留是个严肃务实的实干家，不过，他也会从少有的闲暇中抽出时间，在自然世界中沉思，从而对自己有了更深的了解。在《沉思录》中，奥勒留经常表达他对宇宙的敬畏之心，他反思道："记住，你是宇宙中多么渺小的一部分，你能享受的时间是广袤无垠的时间中多么渺小的一部分！"

庆祝生活

大约有十位管理者在接受采访时提到了一种很特别的

反思方法，其中一位退休管理者热切地强调它的重要性。用他的话说，现在的人需要一些途径来逃离"持续改善的思想牢笼"。他说的这种思想牢笼是指源自日本的"持续改善"（kaizen）理念，一种持续不断追求改善的管理哲学。他觉得这是一种重要的管理技术，但也让人焦虑，在"奋斗、奋斗、再奋斗"的理念下，人只知道埋头努力，在工作和生活中毫无乐趣可言。

这位管理者的应对方式是和同事一起找机会庆祝。"我们可以庆祝很多事情，"他说，"庆祝顾客的满意率提升，或者说声'我们达到目标了，太棒了'。"在他看来，庆祝就是注意并欣赏那些进展顺利的事情，不涉及个人自我完善，也不涉及分析成功的原因以及为未来做规划。他说，对于一个工作小组，庆祝是"摸摸证书，说'哇，我们做成了'"，对于个人，庆祝是"看，我没做之前是那个样子，再看看现在，大不一样了"。

另一位极其高效干练有条理的管理者也赞成庆祝。他从宗教的角度来看这种方法："摩门教认为人生艰难，不乏痛苦，所以我们要珍惜上帝的赐予，我今天向你布道要说的就是这个。"他微笑了一下，接着说，"等我成立自己的教堂，我布道的主题就是珍惜上帝的赐予，除此之外，不讲别的。"

庆祝可能不太像反思，因为我们一般认为反思是一件严肃的事情，一般围绕重大的问题或者沉重的人生问题展开。

18 世纪苏格兰传记作家詹姆斯·鲍斯威尔（James Boswell）
为他的好友——英国大文豪塞缪尔·约翰逊（Samuel
Johnson）写了一部著名的传记。传记中有一段着重写了认真
思考人生和庆祝人生之间的矛盾，鲍斯威尔引用了约翰逊一
位老朋友的话："约翰逊博士，你是一位哲学家，我有时也想
像哲学家那样思考，可是不知道怎么搞的，快乐老是闯进来
打断我。"

　　人类心理好像有个自然倾向，很少在快乐的事情上流连，
总是容易去考虑各种问题、威胁、困难，以及怎么处理这些
难题。究其原因，或许正是这一本能帮助人类存活了下来。
蒙田曾为此苦恼，他用"令人扫兴、惹人生厌的心理"来描
绘这一倾向。心理学家现在把它称为"不对称负面偏差"⊖。
有些勤奋的成功人士特别容易有这种倾向，他们为自己设定
了很高的标准，但经常觉得自己无法企及这些标准，他们不
懂得欣赏自己取得的成绩和正在付出的努力。有感于此，精
神分析学家亚当·菲利普斯（Adams Phillips）写道："我们
必须想象一个世界，在那里，赞美比批评更为可信。"

　　从这些采访中，我们可以借鉴到各种各样简单、有用的
适合日常使用的慢下来和庆祝的方法，并且学到一个重要的
总体原则。庆祝不是指开聚会或者举行庆典，庆祝可以只是

⊖　不对称负面偏差，心理学术语，指人们容易记住各种负面的事情，并
　　对这些事情念念不忘。——译者注

安静地欣赏某些东西。例如，一位管理者这样描述他的大学同学聚会："我们不是只聚在一起谈论彼此过得怎么样，谈什么真的不重要。重要的是我们知道自己非常珍惜那段过去的时光。过去的时光又回来了。有一种安宁的感觉，让人感到非常满足。"

另一位管理者说："星期天晚上，我和太太通常在睡前花10分钟左右的时间聊聊周末这两天的事儿，有时候看看对方这两天拍的好玩的照片。这是日常生活中的平凡小事，不过已经够让我们觉得满足和感恩了。"

采访结果还表明，我们可以在要做的事情中找寻值得庆祝的点。有位管理者说，他为了准备跟律师会谈，重新读了一遍父亲的遗嘱，这次他注意到，父亲在给孙辈和几个朋友分配一笔数额不大的遗产时考虑得居然那么仔细和周到。这让他想起父亲是个多么慷慨的人，不是在金钱方面，而是在时间和付出关爱方面。这种"反思"可能会花一两分钟的时间，不过它却把一个原本机械或分析性的过程变成了珍贵温暖的一幕。

对几位有宗教信仰的管理者来说，他们可以通过简短的祈祷来表达欣赏和感谢。例如，有位女性管理者说，她所信仰的宗教在仪式方面"绝对是极简主义"，只需要偶尔做点简短的祈祷。她说："我觉得更重要的是说谢谢你，谢谢你让我儿子托德来到我身边，谢谢你给我的机会。"一位退休的人力资源管理者说自己"每周写一封感恩的信，里面写我祈祷了什么，我想确保上帝知道我为哪些事情感恩"。一位年轻的管理者是个虔诚的信徒，他简要地说："请对上帝说出你要表达感谢的事情。"

另一种适合日常使用的方法是不同形式的书面写作。一位管理者说："其实我有一本日记，是我的教练给的，目的之一是训练我把值得感谢的事情写下来。"有位年轻的管理者采用"子弹日志"的方法，这是一种非常简洁、高效、省时的记日记方法。他说："我每天尽力写下值得感谢的事情，不管是一件事、一个人、一块巧克力，还是别的什么，目的是提醒自己，要全心全意地投入生活，也要对很多事情心存感激。"

马克·安德森（Marc Andreessen）推荐了另外一种简单的策略。安德森曾参与开发世界上第一个被广泛使用的网络浏览器 Mosaic，现在在硅谷经营一家很有影响力的风险投资公司。他每天列一个"非待办事项清单"（anti-to-do list），即列出一天做过的所有事情。他说，这个表格给他一种成就感，让他有信心和动力去继续完成每天面临的多项任务与挑战。

最后，如果你打算更加认真地记日记，觉得这样做很值得，你可以试试各种不同的方法，在此基础上打造一个最适合自己的方法。例如，有位管理者有两本日记，隔段时间就在每本日记上写点东西。一本用于计划未来几个月想完成的事情，另一本用来记录她的"人生愿望清单"，不过这个清单列的不是她去世前想去的地方和想做的事情，而是用于回顾和描述那些值得回忆并重新体验一遍的时刻。她说：

> 我记下那些对我非常有意义的时刻。这些事情这么特别，我觉得真有必要记下来，记下这些让我惊讶不已的事情，记下当时的感受，比如孩子在过一岁生日那天把脸埋进蛋糕里。值得记忆的不是公司在纽约证券交易所上市敲钟的那一刻，而是某一天早上醒来，外面正在下雪，你那天什么安排也没有，那一刻，你觉得自己是这个世界上最幸福的人。这样的时刻让人惊喜不已。

总而言之，庆祝可以有很多不同的形式。跟之前的方法一样，重要的是不断尝试，寻找适合自己的方法，使之成为自己日常生活中的一部分。

别总是忙来忙去的

有很多慢下来和沉思片刻的方法，不过它们像是乐曲中同一基本主题的不同变奏。在迪士尼拍的《爱丽丝梦游仙境》里面，那位总是迟到、总是紧张兮兮的白兔先生，对爱丽丝建议道："别总是忙来忙去的，站在那里安静一会儿。"其实他本人倒是应该听听自己的建议。

这么做看起来很简单，不过我们需要先观察自己，找到真正可以停下来沉思一会儿的时间和地点。头脑中有个小小的声音经常告诉我们不应该浪费时间，如果真停下一会儿，我们都能听到头脑中的发动机在后面高速转动的声音。屈从于这种压力是有代价的，那就是我们会错过深度的体验。时间一长，我们的生活状态会变成忙着管理生活，忙着处理生活事务，而不是在真正地生活。

思维漫步、放慢节奏、体验自然和庆祝生活可以过滤掉一些经常轰炸我们的刺激因素。从根本上来说，这些方法可以让我们获得深度的体验，让我们不至于在追求效率的混沌忙碌中度过太多时间。蒙田一度认为下一个新年将是他生命的终点，他在随笔中写道："我努力增加生命的分量。我想靠迅速抓紧时间去留住稍纵即逝的日子……剩下的生命越是短暂，我越要使之丰盈充实。"

不过这样做并不容易，需要我们付出努力。作家皮柯·耶尔（Pico Iyer）在《安静的艺术》中写道："当然，远离喧嚣需要勇气。"远离喧嚣也需要我们随时给予密切关注，因为我们需要找到方法，把停下来沉思一会儿变成我们日常生活中的一个习惯，而且能够在"60 分"原则的基础上长期坚持下去。最有效的方法是那些能让你乐在其中的方法，因为乐趣会减少反思的障碍。

　　片刻的沉思本身很重要，它的重要性还体现在另一方面。停下来沉思一会儿可让我们的大脑在某种程度上安静下来，由此为另一种重要的反思形式扫清道路。而后者，在遇到工作和生活中一些棘手的问题时，能帮助我们有所突破，有所进展。

04

第四章

多角度深入反思

　　自高自大是我们与生俱来的一种病，所有创造物中最不幸、最虚弱、最自负的是人。他看到自己落在荒蛮瘰疬之地，四周是污泥杂草，生生死死在宇宙的最阴暗和死气沉沉的角落里，远离天宇，然而心比天高，幻想自己翱翔在太空云海，把天空也踩在脚下。

　　几乎每人都认识那么几个人，他们特别擅长把问题考虑周全，厘清复杂的局面。他们之所以能力出众，大多是因为他们善于做一种非常重要的反思。这种反思最贴切的名字是多角度深入反思。不管是个人问题，还是职业问题，多角度深入反思都能为我们打开一扇门，引领我们通向更深层次的理解、洞见、创造力和更好的决策。

　　什么是多角度深入反思？在这方面，我对一位管理者的采访可算作提供了一个清晰的例子。这位管理者正在认真考虑一个新的职业机会。为了保护隐私，我们暂且叫他马特奥。从学校毕业后，他在纽约一家金融公司工作了15年。之后，为了能少出差，多陪伴家人，他转行到一家大医院做了高级财务人员。最近，马特奥收到邀请，对方请他回南美洲一个国家担任国家财务部的高级顾问。他在那里出生、长大，他年迈的父亲如今还生活在那里。

　　马特奥这样描述他的一次反思：

　　　　我坐在回美国的飞机上，我们都知道，坐飞机特别适合反思，因为没有分心的事情，我们可以回归自己的内心……我需要更多信息。这是什么部门？我要做什么工作？工作职责是什么？因此，我需要做很多尽职调查。还有，这是一份技术性的工作，不过是在多变的政界。这意味着什么呢？政府经常换来换去，我能做好这份工作吗？这是让我摩拳擦掌、跃跃欲试的工作吗？我还要看到整个生活方式都会发生变化。我想不想回到那种整天开会的日子？这是一份令人振奋的工作，让人充满活力，我跟国家总理之间有直线电话。不过，我必须斟酌一下已经拥有的东西和将会得到的东西，看它们是否平衡，有时候指针往左，有时候指针往右。于是我开始反思我现在的生活。我真切地认识到，我热爱这里的生活，热爱我的工作，我的工作做得越来越出色。我对这个地方做出了贡献，学到了很多东西，在学识方面有所成长。从个人体验来说，我很满意。现在孩子上大学了，我可以把更多时间花在工作上。

……同时，也要考虑长远计划。我已不再年轻，成长阶段过后干什么呢？新的工作有高尚的意义。还有一件重要的事情是，父亲已经90岁高龄，新工作在他居住的国家。我在想，他还剩多少时间？我是不是应该离他更近一些？

要了解什么是多角度深入反思，请注意一下马特奥没有做什么。他没有分析情况，没有寻找正确答案，也没有做出决定。相反，他从很多个角度来思索问题，以一种灵活开放的方式来思考他的决定。马特奥从 5 个，也许是 10 个不同的角度来审视他的决定。还有一点是，马特奥意识到了他对每个角度的感受。

　　这就是多角度深入反思的要义。多角度深入反思是从多个角度看问题，一遍一遍回到问题，由此尽力得出在这个问题上，对我们来说最重要的事情是什么。就多角度深入反思来说，难题有不同的方面和角度，每一个方面和角度都值得花一点时间来思索。因此，与迅速做决定不同，进行多角度深入反思时，我们在筛选多种可能性，看看能得出什么结果。做多角度深入反思时，诗人约翰·济慈所说的"消极感受力"非常重要，即一个人"能够经受不安、迷惘、疑惑，而不是坐立不安地一味去寻找事实和原因"的能力。

　　从不同的角度看问题听起来简单，但做起来难。面对复杂的情况，我们的反应往往是迅速根据直觉做出决定。更糟糕的情况是，我们经常像被胶水粘住一样，固定在原点不动。这不仅仅是不良习惯，好像还是人类的固有行为。诺贝尔经济学得主丹尼尔·卡尼曼在他的书《思考，快与慢》中，通过大量的实验和现实生活中的例子，揭示了我们在面对各种各样的话题和问题时往往会迅速做出肯定的判断，并且坚定不移。与多角度深入思考相近的"慢"思考，从生物学和进化论上来说是一个例外，不符合达尔文定律。

很多受访的管理者知道多角度深入反思的重要性，也清楚反思的困难和障碍，所以他们因时制宜，想出了很多方法来转换视角，增加看问题的角度。在源远流长的反思史上，很多重要人物也在这方面积累了颇多心得和经验。现在，通过采访管理者和借鉴历史上的经典著作，我得出了多角度深入反思的五个基本策略，它们可以帮助我们从多个角度深入地反思问题，从而获得对问题的深度理解。

改变思维模式

如果你想多角度深入反思，重要的一步是改变你的思维模式。严谨的以解决问题为目标的分析性思维方式往往不可或缺，但这种思维方式是多角度深入反思的敌人，因为后者需要一个松弛、谦逊、好奇甚至是诙谐的思维框架。

要从实际上理解这一点，最好的方法是从经典的反思名著之一——蒙田的《随笔集》中略窥一二。蒙田是法国16世纪的思想家，生活在法国西南部。将近40岁的时候，他认为自己将不久于人世，于是宣布"退休"，不过在这之后他又活了二十余年。在这二十余年中，他打理着家族庞大的葡萄园，担任了两届波尔多市的市长，还在法国深陷宗教分裂、宗教暴动频发的时期，为法国国王担任过几次外交使节。虽然时局动荡，事务繁多，但蒙田依然拨冗写出了《随笔集》，一部以回顾和反思为主题的伟大著作。

这些随笔是不折不扣的"反思"。不管写的是日常生活中无足轻重的烦心琐事，还是关于生活的深刻思考，蒙田都希望他的文章像镜子一样，把他脑海中掠过的印象、思考和感受记录下来。他极少宣布他发现了一个问题或话题的"真理"。相反，他倡导谦逊。他写道：

> 自高自大是我们与生俱来的一种病，所有创造物中最不幸、最虚弱、最自负的是人。他看到自己落在荒蛮瘴疠之地，四周是污泥杂草，生生死死在宇宙的最阴暗和死气沉沉的角落里，远离天宇，然而心比天高，幻想自己翱翔在太空云海，把天空也踩在脚下。

蒙田对于谦逊的信念，从他随身佩戴的一条项链的挂坠上可见一斑。挂坠上刻着这样一个问题："我知道什么？"

与质疑一切知识的怀疑主义者不同，蒙田表现出极大的好奇心。从他的随笔标题中，我们可以看出他的研究和思考范围极其广泛，囊括了大量的话题，比如《论大拇指》《论阅历》《论马车》《论食人部落》《论残忍》《论穿戴习惯》。在他的一些随笔中，我们不仅可以看到蒙田的好奇和谦逊，还可以看到当新的角度闪现在他的头脑中时他的诙谐和俏皮。在一篇随笔中，他揣测动物的内心生活，问道："我跟猫玩的时候，谁知道是它在陪我消磨时间，还是我在陪它消磨时间呢？"

很多著名的日记都体现了类似的思维方式。安妮·弗兰克的日记不像蒙田的随笔那样诙谐有魅力，想想她和家人在纳粹迫害下所经历的危险和磨难，这也在情理之中。她的日记经常描述家庭成员的一些日常琐事，她的反应，以及她对家人性格中不同面向的简短反思。安妮做反思，是出于想更好地理解家人的目的。大卫·利连索尔也使用了类似的方法。他在很多日记中用了短短几行字来描述一个人、一次会议，或一个事件。他用几分钟的时间从几个不同的角度来看待这个人或事物，然后移笔于其他。

怎么改变你的思维方式呢？有位管理者的方法很有特点，突出体现了两个非常重要和实用的经验。他在办公室中放了一块白板。当他非常想把一件事情考虑明白时，他会从办公桌旁站起来，在屋子里绕着圈走，然后拿起几根彩色马克笔，在白板上进行"涂鸦"，画一些简单的图表，写几句话，然后再走上几圈。

第一个经验是抽离出来，这非常重要。这里的抽离意味着身体和精神都抽离出来。从桌子旁站起来，离开计算机屏幕，在白板上写写画画，这位管理者处理难题的方式与本书

第一章中那位 CEO 给创业者们的建议"两脚跷在桌子上看向窗外"基本相同，这样他们就不会把全部时间都用来"灭火"。看来改变思维模式需要在身体层面上也做出点儿改变。

第二个经验是"涂鸦"。这位管理者没有执着于找到正确的答案或是完成严谨的分析，他随意地思考问题，随手用各种颜色的笔画画。他用这个方法来暂时绕开反思的一个主要障碍——狂热地追求效率，一件接一件地高效完成任务。另一位管理者的方式跟他类似，不过他不是画画，而是在纸上"写几乎谁也认不出来的笔记和非常简单的图形"，它们"代表出现在我脑海中的所有想法"。这两位管理者的方法所体现的观念与爱因斯坦的观念不谋而合："要激发创造力，人们必须学着像孩子那样玩耍。"

蒙田把他的作品集冠之以 *Essays* 之名的时候，用的是这个字眼在 16 世纪当时的意思。[⊖]对他来说，"essays"是实验和尝试，而不是论说性文章。他用这个方式来抵制人类的一种常见倾向——"我们都缩成一团，只关注自己，我们的视线也就局限到鼻尖那里"。蒙田一个话题接着一个话题地进行尝试，从多个角度思考，看看能有什么新的发现，看看自己能否完全参透这些复杂的话题。多角度深入反思意味着把问题或局面看作万花筒里的一个图案，旋转万花筒，旋出

⊖ Essay 在 16 世纪是实验和尝试的意思，现在最常用的意思是（用来刊登的）论说性文章，以及（作为课程作业，学生写的）短文。——译者注

新的图案和组合，看看从中有什么新的发现。

利用问答来锁定问题

多角度深入反思的实质在某些方面与太阳系类似。问题（例如马特奥要不要接受新工作）位于中心，各种各样的想法、感受、直觉和印象围绕着中心的问题旋转。问题具有引力，阻止我们的想法飘走。话虽如此，但多角度深入反思并不容易，因为实际做的时候，我们会面临两个挑战。

第一个挑战是专注于我们想考虑周全的问题。为了发现新的角度，我们想放开思维，任其驰骋，不过这样做的风险在于某个深刻的印象、某个无法抗拒的想法，或者是某种强烈的感受会把我们的注意力带走。这是所有形式的反思都会遇到的障碍，是我们躁动不安和千回百转的思绪给我们出的难题。另一个挑战是发现新的角度。我们的思维和感受经常墨守成规，所以发现新的角度并不容易。

有一个方法可以同时解决这两个挑战，那就是问自己一个特别的问题，花几分钟的时间回答一下。有好几个这样的问题，它们像锚一样，帮助我们把注意力集中在核心问题上，同时能为我们增多看问题的角度。

例如，多角度深入反思时，我们可以生动、具体、形象地想象一些重要的层面。马特奥在考虑是否接受新职位的时候就是这么做的。他说：

> 这不仅是分析性思考，不，我完全把自己代入了新的职位。比如我开始看（那个南美洲国家）首都的房地产情况，问自己负担得起什么价位的房子……把它当真的一样。我开始想我会怎么过周末，会遇到什么样的人，那里的饮食习惯、生活方式是怎样的，等等。就像看在脑海中的小视频，一边看一边想，"我想这样，不过我不想那样"。

马特奥在头脑中描绘可能拥有的未来生活的具体细节时，用到了一种古老的反思技术。这种技术有可能是人类在进化过程中发展出来的。人类这个物种之所以能够生存下来，是因为我们能够思考，这也是我们称自己为"智人"的原因。除了思考，我们还是会预想未来的人。我们会设想未来是什么样子，并且在做决定的时候会将其作为考虑因素。这些头脑中的"小视频"会引发新的反应、思考和感受，而这些新的反应、思考和感受会进一步加深我们对事态与问题的理解。

另一个锚一样的问题是看我们是否在试图回避某些视角，尤其是回避某些感受。通过问这个问题，我们可以处理反思中的一个主要障碍：我们会本能地不愿意触及某些方面，因为这会让压抑在心底的一些令人不舒服的想法和感受浮现出来。一位管理者是这么说的：

> 有时候我能明显地感受到，我漏掉了什么东西，或者有个意思没领悟到，也可能是不想领悟，或者是还有一项重要的信息我尚不知道。我的思考深入不下去。我像一只盘踞在网上伺机而动的蜘蛛，四处看哪里有苍蝇，等待着某根细细的蛛丝传来颤动。

就马特奥而言，这些想法和感受主要集中在父亲已到暮年这件事上。父亲时日无多，或许还有与自己生死有关的想法在马特奥意识的边缘徘徊。

要看到这些大部分隐藏在意识之外，只有一小部分浮现在意识之中的问题，一个很好的方法是抽离出来，用我们觉得舒服的方法放慢节奏，尽量让感受浮现出来。一位管理者说："反思的很大一部分是聆听自己的感受，不管什么样的感受，都去接受它们。很多时候我们都偏于一隅，或者说太关注逻辑，太注重自己的头脑在想什么。"

还有一个锚一样的问题是问一个非常值得尊重的人对我们的问题或情况有什么想法和感受。好几位管理者说他们的父母充当了这个角色。一些人会设想他们仰慕的领导人物会如何反应，还有一些人从他们的宗教或精神领袖那里寻求有价值的观点。

印有"WWJD"或"What would Jesus do？"字样的腕带是人们用这个问题来帮助思考的一个例子。有人山寨过这样的腕带，比如把耶稣的名字换成某个名人或某个声名狼藉的罪犯的名字。不管怎样，古往今来，很多重要人物都用此类方法来帮助自己反思。奥勒留在反思时会借鉴斯多葛派哲学家爱比克泰德（Epictetus）的观点。蒙田有时会想到父亲的言传身教，有时也会从他熟知的古希腊、古罗马的著名作家那里寻求指引。

这个问题还可以变换一下形式，那就是想一想未来的你会怎么做。就像马特奥说的："到了某个时间点，我们不得不想一想，我希望让后人记住什么？如果我明天就离开人世，会怎么样？人们会怎么评论我的一生？"有两个出发点来问这个问题。一个比较达观，即从我们内心所秉持的抱负和准则出发来问自己这个问题。另一个比较肃穆，也就是马特奥的方式，他问自己去世后会给后人留下什么。不管是哪个出发点，这个问题都会帮助我们改变视角，从只关心产出和效率，到开始思索深层的长远问题。

与自己对话

多角度深入反思的时候，有几位管理者用了一种很特别的方法。其中一位说："当然，我会跟自己对话，有时候，跟

㊀　意为"耶稣会怎样做"。——译者注

自己对话时，我能感到我的眉头都皱起来了。"另一位说："我最满意的一些对话就是跟自己谈的。"虽然这种方法有点怪异，最好在私底下做，但是它有一个非常精彩的传承脉络。

如果在西方文化传统中寻找最早、影响力最大的慎思明辨的例子，我们会追根溯源到苏格拉底式对话。这是一种"流动"的对话方式，两个人就政治、知识和生活中极为严肃的话题来回澄清问题与观点。在重要又复杂的问题上，我们可以把它作为一个非常理想的对话模型，帮助我们增加看问题的角度，并且通过审视这些不同的角度，加深我们对问题的理解。

在奥勒留的《沉思录》中，每隔几页我们就会发现他在跟自己对话，那些观察和告诫，很明显是他在自说自听。这跟我采访过的一些管理者所做的一样。一些学者推测，在《沉思录》中的某些地方，奥勒留其实是在跟另外一个人谈话，或者他虚构了一个栩栩如生的谈话对象。

在许多宗教传统中，人们在祈祷的时候常常与上帝对话。几个管理者说他们祈祷的时候"跟自己对话"。他们的意思是，他们在跟上帝交谈，并且相信上帝有时候会回答他们。上帝不是通过言语来回答，而是向他们传递一种强烈的感觉，让他们感觉到什么东西正确，或是什么东西重要。有位耶稣会学者写的一句话很好地概括了他们教派的方法："我们跟上帝之间有一种私人关系，罗耀拉式的祈祷在本质上是一种交谈。"

采访结果显示，与自己对话有好几种方式，每一种方式都可以用来清晰地组织自己的思考，不出声的对话也有同样的效果。一种方式是试着用几个字或一两句话说出自己的想法或感受。一位管理者说，她跟自己的对话"促使自己非常明确地知道了自己到底在担心什么"。与自己对话的目的是提炼出本质中的本质。

另一种方式是在头脑中组织一场辩论。一位管理者说："我可以在头脑中来一场完整的探讨和辩论，一遍又一遍地重复这个过程，可能还会拿出纸笔，继续做书面的探讨和辩论。"

其他方式更加开放。一位管理者说：

> 我以前说过，我借助问题进行反思。这些问题通常是成系列的，一般在我回答第一个问题的时候，或是觉得第一个问题基本回答完毕的时候，第二个问题就会冒出来，然后我回答第二个问题。因此，实际上是我的一部分大脑在向另一部分大脑提问，非常清晰地提问。

还有一种方式是根据自己的情况提出适合自己的问题，

然后"跟自己对话"，找出答案。一位管理者谈到这种方式时说：

> 遇到不同的问题时，我就问自己："我遇到过这种问题吗？以前遇到这种问题的时候，我做了什么？管用吗？我以前那么做成功吗？或许这次应该换个方法？"这样一提问，我就会发现，其实新问题很少。

所以，帮助我们摆脱效率和产出至上心态的又一个办法，是暂停下来，跟自己来个简短的对话。跟其他多角度深入反思的方法一样，它能让我们对棘手的问题获得更深入的认识，避免我们错失重要的视角。

带着问题生活

这也是一个出人意料的多角度深入反思的方法。有时候，思考问题的良好方法是先停止思考。这种方法主张先把问题放一放，带着问题去工作和生活，偶尔回过头来想想，看看有没有新的思考角度。

实际应该怎么做呢？美国一家大型零售企业的前任CEO非常清晰地回答了这个问题：

遇到难以决定的事情时，我会从早到晚带着这些问题。我想，你不会一上来就在办公桌前坐下，跟自己说："我现在要决定某某事情。"我可能不清楚思考过程是什么样的，这是潜意识里发生的事情，但有一点我非常清楚，我是有意识地带着这些问题做其他事情的，时不时地捡起来想一想，不会把它们抛在脑后。

这位前任 CEO 谈及的是重大的商业决策。他说，有时候他会一连数天都带着问题，如果遇到重大的投资决策或战略转变，时间则会更长。这种方法还有一点也让人出乎意料：它与贯穿宗教修道文献的一个主题非常类似。神学家和天主教特拉普派修道士托马斯·默顿说："在修道生活中有一些奇怪的定律，其中一个是不要坐下来解决问题，你带着问题生活，这些问题会以某种方式自行解决。"

为什么带着问题生活是一种特别有用的多角度深入反思方法？那位前任 CEO 谈到的潜意识是个重要的原因。我们一般认为思考是一项有意识的活动，要是有人问我们在想什么，我们一般都答得出来，可是，我们的大脑也在进行无意识的思考。

在最近出版的《最熟悉的陌生人》一书中，美国社会心理学家蒂莫西·威尔逊根据心理学和认知神经科学领域的最新发现，提出我们每个人都有"适应性潜意识"。这里的潜意识与弗洛伊德提出的潜意识不同。弗洛伊德潜意识的核心内容是原始冲动和欲望，而适应性潜意识所做的事情类似于思考。在我们的意识之外，适应性潜意识像一个计算机操作系统一样进行观察、评估，甚至做出判断。

这些现代神经科学的最新发现证实了布莱斯·帕斯卡的一些先知先觉的言论。这位 17 世纪法国杰出的数学家、物理学家和神学家曾经写道："心有着心的理由，只是这种理由并不为理性所认识。"一位管理者有类似的感悟，她说：

> 那些想以雄辩的逻辑和事实说服你的聪明人其实影响不到你。是你在反思时，结合了直觉、事实和价值观，得出一个结论。有可能是第二天、第三天，或是之后几天，你一觉醒来，或者回过头来想这事的时候，突然就想明白了。

一些管理者说，他们利用一些具体的策略从潜意识中获取新的角度。那位零售企业的前任 CEO 说：

> 如果想不出好主意，或者脑袋一时卡壳儿，我会到 YouTube 上看一些托尼奖颁奖典礼上的精彩演唱视频，可能看伊迪娜·门泽尔（Idina Menzel）演

唱 "Defying Gravity" [⊖]，也可能看曼蒂·冈萨雷斯
（Mandy Gonzalez）演唱最佳音乐剧《身在高地》里
面的唱段，或者其他视频。

马特奥的方法是带着问题入睡，将难题留待第二天解决。
他说："我觉得这是人的一种本能。我以往在工作中或其他地
方遇到重大问题的时候，都是第二天再处理比较好。"他非常
推荐这个方法，说自己的南美老家有句谚语——"睡眠是一
位智多星"。

另一个实用的方法是，在自己有意识思考问题的时候，
给自己设一个时间限制——时间到了，就把问题放在一边，
去干别的事情。这个方法能避免我们徒劳无益地在一个问题
上思考太多时间。从很多关于创造力的专业报道中，我们可
以发现，取得过重大突破性成就的数学家、科学家、作家、艺
术家、工程师和其他人士有一个共同的模式。他们努力工作，
若中途感觉气馁或遭遇障碍，他们就会停下手头的工作，干
点其他的事情。等回过头来接着工作的时候，他们往往会发
现继续把工作推进下去的办法。有时候正干着其他的事情时，
他们的脑海中会突然冒出一个崭新的想法。例如，据说爱因
斯坦就是在骑自行车的时候想出了相对论的一些重要内容。

⊖　托尼奖获奖音乐剧《女巫前传》中西方坏女巫的著名唱段。伊迪娜·门
　　泽尔是西方坏女巫的原班主演。——译者注

　　带着问题生活，还可以帮助我们反思过去，找到新的看问题的角度。有位原来担任重要职务但因故被解职的管理人员说，他经常过一段时间就问自己："实际上是怎么一回事？我当时该怎么做才不会被解职？我的问题出在哪里？我现在还那样吗？"

　　以上这些方法都可以让我们的大脑从分析模式转换为多角度深入反思模式。分析性思考像一束激光，它聚焦思维，让思考专注而敏锐。多角度深入反思则像手提一盏灯笼，在黑暗的小路上前行。灯笼的光照范围大，不过光线暗淡，所见景物和印象不断移来换去。遇到重大的人生问题时，这种带着问题生活的沉思方式就显得极为有用。在几个月甚至几年内，我们可以时不时把问题拿出来想一想，有时候时间短一些，有时候时间长一些。随着时光流逝，我们的生活经验增多，即使在一些年深月久的问题上，也会有新的想法浮现出来。

　　例如，在《上帝、信仰、灰烬中重生的身份》（*God, Faith, and Identity from the Ashes*）一书中，犹太人大屠杀幸存者的子孙两代人讲述了自己内心所经历的挣扎，如何在面对大屠杀所带来的巨大苦难和难以理喻的邪恶时，仍然不动摇对上帝的信仰，仍然对人性保有某种程度的尊重。他们中的一些人终其一生都在思索这个问题。他们的故事是人们在内心经历长期深刻反思的例子：寻找全面合理的观点，不被逻辑分析带偏，不期待线性的进展，不要求完全清晰，不期待一个最终结果。一位女士说，有时候她觉得自己已经处理好了大屠杀和信仰之间的关系，不过，"一个星期后，或者一两个月之后，在一个人的时候，我会为我们这个民族遭受过的苦难而哭泣。这是我的民族、我的家人、我的朋友、我的苦难。我没有疑问，我相信万能的上帝。但是，我依然哭泣"。

带着问题生活需要保持警觉，需要一颗敏锐的心，因为得聆听非常微弱的信号，就像科学家通过精细校准过的仪器在茫茫宇宙中搜寻地球外的生命。拉特纳古那·亨内斯（Ratnaguna Hennessy）在英国教授佛教，他在《反思的艺术：佛教智慧实践》（*The Art of Reflection: Buddhist Wisdom in Practice*）一书中写道："有值得进一步思索的想法出现时，我会恰到好处地跟随这个想法，不过分用力，看看它会把我带到哪里，只需要做这些就够了。"在头脑中出现重要但隐隐约约的声音时，我们可以用这个方法来放大信号，以期为棘手的问题找到新的思路。

这种反思方法像镶嵌马赛克瓷片一样，遇到难以处理的问题时，我们带着它工作和生活，慢慢取得进展。注意一下时不时突然冒出来的新思路，花一点时间，看看有什么新的发现。也要注意一下每隔多长时间这个问题会浮现在我们的脑海中，因为这意味着它对我们的重要程度如何。还要注意一下脑海中闪现的一些令人不安的想法，比如马特奥会想起自己和父亲的年龄。以上这些时刻可以促使我们直面解决问题，迈出小小的一步。

超越多角度深入反思

普鲁斯特曾写道，发现的真正艺术不在于发现新大陆，而在于用新的目光看待事物。他的这句话正好契合了多角度深入反思的核心目的，即为问题找到新的思路。

有时候，多角度深入反思本身是一件值得做的事情。在工作和生活中遇到问题，或遭遇复杂的处境，不管是反思几分钟，还是反思较长时间，都可以加深我们对问题或处境的理解。不过，对于肩负重任的人们来说，只是多角度深入反思和理解还不够，他们还需要做些别的事情。

比如，你遇到一件难办的事情，已经花了一些时间从多个角度进行深入反思；你试过把自己调整到松弛、放松、好奇，甚至是诙谐的状态中思索问题；你问了自己几个锚一样的问题，围绕着事件寻求多个视角；你已经就这个问题跟其他人或是你自己进行了一场反思性对话；你已经带着这个问题过了几个小时、几天甚至更长的时间，也已经从潜意识中寻找各种微弱的信号。

　　旋转万花筒，寻找新的图案和视角很有价值，不过，如果你身负重任，光这么做往往不足以解决问题。有时候，做到了深入理解，我们还需要更进一步。我们需要做决定，去行动，去领导他人。在这种情况下，我们需要依靠第三种非常重要的反思方法。

05

第五章

暂停，评估行动

　　作为人来说，我们太容易只是去索取了。我们永远都在"吸收"，天地上下，无所不包，我们吸收空气，汲取知识，摄入食物。人类就是如此。所以，我们要经常反思自己有没有回馈什么，这很重要。不过，我们怎么知道自己有没有回馈？

　　在我采访过的管理者中，有一位是美国白人男性，65 岁左右，是位虔诚的教徒，当地教会的忠实支持者。另一位是印度人，女性，大概 40 岁，没有宗教信仰。虽然他们的背景迥异，但他们对于反思的看法却几乎完全一致，他们用同样简洁清晰而又平实的语言表达了自己对反思的思考。

　　谈到对反思的理解，前面那位年长的管理者说："我首先问自己'有哪些事情是我正在做但需要停止做的'，接下来我问自己'有哪些事情是我没做但需要开始做的'。"后一位年轻一些的管理者说："对我来说，反思是拿出时间来思考做过的事情，也考虑一下打算去做的事情。"

　　他们两个人对于反思的理解在两点上非常相似。第一个相似点很明显：两个人都强调"做"，短短一句话提到了两次"做"，而且中间只间隔了几个字。第二个相似点是他们都关注行动。那位年长的管理者中间停顿了好一会儿，然后用强调的语气说："那些是非常、非常深刻的问题。"年轻一些的管理者没这么说，但是从她的话里不难看出她与前者的观点一致。

　　反思的第三种基本方法，也许是最重要的一种方法，是重点反思我们的决定和行动。苏格兰哲学家和评论家托马斯·卡莱尔写道："再好的信念，如果不付诸行动，也是毫无价值的。"在生命中的每一天，我们都在做决定，并付诸行动。通过做决定和展开行动，我们完成工作，照顾好自己和他人，改变世界。

要想明确决定和行动中真正重要的是什么，我们需要回答两个问题。这两个问题都值得我们认真思考，有时候，它们还具有深远的意义。第一个问题是，我们的决定和行动有没有达到我们对自己的要求，有没有达到别人对我们的期望？第二个问题主要考虑我们一举一动的长远影响：在几天、几周抑或更长的时间里，像我们现在这样做决定和做事情，我们能不能成为我们想成为的那种人？

就像DNA的双螺旋结构一样，我们的行为和"我们是谁"交织在一起。谈到反思为什么很重要时，有位管理者说："如果你不反思，生活中会出现各种各样让你措手不及的困难和障碍。有一天一觉醒来，你会意识到，你已经无法成为你想成为的那种人，你想做的事情也只能成为你一生的遗憾。"

在没有标准的情况下如何评估行动

有时候，达到标准不是什么难事。例如，对于一些日常事务，我们知道需要做什么，怎么做。在另外一些情况下，一些明确的"界限"会告诉我们应该如何规矩地行事，比如"偷窃是错误的，所以不能偷窃"。有时候，进展是可以衡量的。你想参加一场 5 公里的赛跑，那就制订一个训练计划，随时关注自己的训练进展。总之，只要存在某种标准，评估行动就不是问题。

不幸的是，对于工作和生活中的难题，事情就没有这么简单了。可能你以为评估行动无外乎遵守一些基本价值观或原则，并把它们作为准绳。问题是，做决定和付诸行动的过程必然有其复杂和纷乱的一面，而那些崇高的原则和抱负却高高地漂浮在上空。这就好比有个人在离桥面 6 米的水里挣扎，搭救的人从桥上垂下一根 1.5 米的绳子救他，绳子"美则美矣"，但毫无用处。

一位管理者谈到他对反思的理解时，提到了这一难题：

> 反思让你看到你在自己心中的形象，这让你开心，让你有种满足感，你不光从这个世界索取，你还回馈了一些东西。作为人来说，我们太容易只是去索取了。我们永远都在"吸收"，天地上下，无所不包，我们吸收空气，汲取知识，摄入食物。人类就是如此。所以，我们要经常反思自己有没有回馈什么，这很重要。不过，我们怎么知道自己有没有回馈？

这位管理者观察得很深刻，不过他不确定自己是索取多，还是回馈多，甚至都不确定自己所做的是不是回馈。他从何知道呢？我们追求美好的生活，渴望成为好父母，希望尽到自己在社区中应尽的责任，不过我们怎么评价自己做得怎么样？在这一方面，没有一个可以依据的标准。

可能我们需要自己来判断怎么做最好。这就引出了另外一个问题：如何既诚实又准确地做出判断？对镜自望，我们经常看到一个经过美化的良好形象。其他时间呢，我们又苛刻地评判自己，变成心理学家所说的"惩罚性超我"的受害者。一位治疗师说："如果我们在现实生活中遇到像'惩罚性超我'这样的人，一个爱指责别人、内心批评这个批评那个、老是吹毛求疵的人，我们会觉得他有点儿不对劲，是个既无聊又无情的家伙。"

在评估行动时，看见真实的自己是最具挑战性的一部分。无论是严肃的文献、厚厚的历史记录、众多宗教的智慧名言，还是当代社会科学的最新发现，都给我们提供了大量的经验和证据——我们很少能看到真实的自己。如果有个行动评估测量仪，那我们的拇指可能大部分时间都在摁它的按钮。

我们该如何评估行动，并且把评估做好呢？在这里我们可以结合使用三种方法。这三种方法是三种不同的反思方法（反思时间均可长可短），也都在悠久的反思传统中占有一席之地。结合使用这三种反思方法，能让我们看到我们现在做的

第五章　暂停，评估行动·097·

事情与自己的工作职责和长期抱负是否一致，是否需要调整路线。

依靠同伴和引路人

要缩短现状与工作职责和长期抱负之间的差距，第一步是不要理会那个常规建议——依靠真实的自己或内心的"道德指南针"。说到这个常规建议，最著名的例子是莎士比亚在《哈姆雷特》中写的一句话："做真实的自己。"不过，莎士比亚让这句话从一个絮叨多事、愚蠢却自以为聪明的人——波洛尼厄斯的口中说出来，说明我们应该慎重考虑这个建议。

如果尝试去做"真实的自己"，我们会发现这个方法问题百出。有时候，面对一个难以抉择的问题时，我们不知道"真实的自己"让我们何去何从。正是这一点让选择变得非常困难。换句话说，当我们的"道德指南针"左右摇摆时，我们还怎么遵循它的指引？诚实地回顾一下自己的过往，我们会看到，有时候强烈的信念把我们引到了错误的方向上。

爱尔兰剧作家奥斯卡·王尔德有句俏皮话——"只有浅薄的人才了解自己"。古往今来，诗人、小说家，还有神学家、哲学家不断提醒我们，自我是多么复杂、易变和微妙。有位哲学家说："自我和意识都带有一种神秘感。"

受访的管理者们在谈到评估行动时，极少提到寻找或依靠真正的自己。与此相反，有几位管理者明确表示，他们在这方面依靠同伴和引路人。这些人是他们认识或非常了解的人，为他们提供了实用的、脚踏实地的、亲自采用过的评估标准。

例如，有位曾经担任美国州长和联邦政府官员的管理者说，他信奉平等对待每一个人这一原则。然后，不需要我进一步提问，他说他是从父亲那里学到了这句话的真正含义。他讲了他小时候经历过的一件事情：

> 一天，我父亲正在招待一位非裔美国人客户。这时，他的一位大客户，一位承包商走了进来，说："我需要一些东西。"我父亲说："好的，我招待完这位先生，就过来办您的事情。"等了两三分钟，那个人不耐烦了："我说了，我需要这些。"我父亲说："您看，我正在招待他呢。"那位承包商说："你先招待这位（在这里他用了一个对非裔美国人的侮辱性称呼），然后再来招待我？"我父亲说："对，没错，我是要招待他，还有，我不想招待你，你去别的地方做你的生意吧。"

我们该如何看待这个故事呢？单独拿出来看，这似乎是一件简单而富有启发的逸事。可是一旦把它放在漫长的历史背景下，它就向我们清晰地展示了一个很有价值的做法，让我们看到在没有标准可以遵循的情况下如何恰到好处地处理难题。从奥勒留《沉思录》的前几页，我们也可以看到这一点。

《沉思录》的前几页很容易被忽视，因为它与很多书前面的标准致谢很像。在这几页中，奥勒留感谢了 13 个人。有些人的出现很好理解，比如他的父亲、母亲和兄长，另外一些人，比如丢格那妥和柏拉图派的学者亚历山大，则完全籍籍无名。奥勒留了解他们中的每一个人，对每个人具体的值得借鉴和学习的个性特点、爱好与典范行为都表达了谢意。

首先，他感谢他的祖父教他"成为一个性情平和的人"，感谢他的母亲让他学会了"简朴的生活方式，不事奢侈"。接着，他感谢那些令他钦佩和想要效仿的人，感谢他们在价值观、态度和行为方面做出的榜样。最后，他回忆起了他的父亲："在我的父亲身上，我体会到了什么是亲切和善，但对于他经过深思熟虑决定下来的事情，他又是那么果敢坚决；他不图虚名，不在乎凡俗的荣耀；他热爱工作，能持之以恒；只要是有利于公众的建议，他都乐于倾听。"

很多人可能像奥勒留一样，渴望成为一个勇敢、诚实、有担当的人。不过，与众不同的是，奥勒留往前迈出了重要的一步。对令他钦佩的个人及其行为举止，他投以了敏锐的关注和细致的观察。这些人是把崇高、激励人心的价值观和理想活出来的人，没有身边这些切实的鲜活的例子，那些价值观和理想几乎是空洞之言。

奥勒留不是唯一一个采用这种行动评估方法的人。罗耀拉对天主教圣徒们的生平事迹了如指掌。蒙田在心中有一座属于自己的万神殿，他时常向里面供奉的俗世神祇们（大多数是古希腊和古罗马时期的哲学家、诗人和政治家）学习和请教。巴顿将军心目中有一群伟大的将军，他了解他们的生活，知道他们参与了哪些战争，在某个具体战役中采用了什么战略和战术。他努力效仿他们，如果觉得自己没有做到，会感到很挫败。在重要的政治和社会运动中，经常会出现一些榜样和英雄，他们的决定、承诺和行动通常体现了这些政治和社会运动的主导价值。

同伴和引路人非常重要，不确定的时候我们可以问问自己：如果他们处于这种情况会怎么办？他们会设多高的标准？我们能找到方法，做到与他们不相上下，或是把我们之前在类似情况下从他们身上观察到的做事方式体现出来吗？有位管理者非常明确地遵循这个方法。他说："我有几位导师，风格各异。遇到一些事，我会问自己，这位导师或那位导师会怎么想，会怎么做，以及为什么这么做。"

同伴和引路人为我们提供了个体化的标准和激励方式。一些学者认为，奥勒留钦佩的这些人，对他而言起到了"陪审团"的作用。他可以透过他们的眼睛，看到自己的行为与他们的行为之间的差距。可能他也觉得自己有责任达到他们所体现的水准，因为他了解这些人，尊敬他们。

对奥勒留来说，评估行动不仅仅是每天用一下，或者遇到事情用一下的方法，他还将这个方法用在自己性格的积累性发展上。换句话说，他想变成某一种人，而他日常生活中的这些榜样帮助他向着这个目标前进。他们是他个人成长中的良师益友。有位学者说："奥勒留为我们呈现的不是一幅普通的人物关系图，我们很容易以为一位罗马皇帝的人物关系图由贵族们组成，但是围绕在奥勒留身旁的是一群非常私人的亲朋和师长，这些人影响着他的思想、学识和心灵这三方面的谱系、发展和形成。"

漫漫历史长河中，这一基本方法一次又一次地得到证实。例如，宗教学者们写道，世界上很多主要宗教信仰中都有与天主教圣徒类似的人物。他们有男性，有女性，他们在圣洁或是福德方面取得了很高的成就。跨文化的归纳是危险的，所以有位学者用"家族相似性"这个词来强调不同宗教的圣徒之间存在的相似性。他把心目中排名前两位的圣徒奉为自己的榜样和引路人。

很多管理者，比如那位讲述他父亲和种族主义者客户之间的小故事的前任州长，都采用了类似的方法。他们谈到自己有志于达到的标准和价值观时，不会慷慨言志，说一些抱负高远但模糊含混的话，而是会回忆某些具体的人物或事件。有几位管理者反着用这种方法，他们把一些合作过的人视为负面榜样，有意识地让自己避免出现他们那样的习惯和言行。一位管理者说："我可不想成为那种人，我不想那样处事待人。"

依靠同伴和引路人可以有很多不同的形式，不过这些形式之间有一个重要的共同点，那就是它们不依赖广泛的原则、高尚的情操或是高高在上的英雄人物。使用这种行动评估方法的管理者们不会仰头向高处寻找指引和启发，而会环顾左右，向身边非常了解并可以密切观察的人学习。

制定自己的准则

在没有标准可以遵循的情况下，评估行动的第二个基本方法是在做决定和付诸行动方面制定自己的准则。这在实践中意味着什么呢？在一次采访中，一位警察局局长讲了下面这个例子：

> 我的父亲出生于 1913 年，经历了大萧条时期[⊖]。他当过陆军中士，在军队里待了很长时间。后来他

⊖ 1929 年发源于美国，后来波及整个资本主义世界，是第二次世界大战前世界上最为严重的全球性经济危机。在大萧条时期，美国有四分之一的劳动力失业，数千家银行倒闭。——译者注

退伍去地铁公司当了一名主管。有一次我们聊起这事来，不知怎么聊到了怎样管理下属。他对我说："你没必要让人们喜欢你，但你必须让他们知道，你是个公正的人。"

他也就说了这么多，我一直把这点记在心里。我始终明白，我们是人，不可能指望我们一天 24 小时都完美，况且有时候我们还会把事情搞砸。一个人做事怎么样，在很大程度上取决于他在搞砸了之后会怎么办。我记得我父亲一遍遍地重复："不可能让每个人都成为你的朋友，但是你一定要公正。"

这位警察局局长把父亲作为自己的同伴和引路人，不过他没有止步于此，他进一步吸收了父亲的准则。他说："我不知道这辈子他的话在我头脑中出现过多少次，差不多得有一百万次吧。"他不是唯一这样做的人。在采访中，好几位管理者在谈到评估行动时提到了自己的个人准则：

犯错误不可避免。与性格有关的错误往往无法弥补。

我觉得我们不能等到感觉对了才开始。我们需要问自己："我想做什么？我想改变什么？"然后着手去做，一段时间之后，我们的感觉会改变。

做完祈祷后，就脚踏实地地开始做事情。

我问自己，对自己是否诚实。

我出差很多，结果发现自己要同时应对无数件事情，这时我想起我父亲总跟我说的话："人生在世，唯一确定的事情就是，人都是要死的。"

制定自己的准则不是动动笔写句话那么简单。要让准则发挥作用，我们需要深入思考，专注地把焦点放在对我们真正重要的东西上面。一位管理者把这样的实用指引准则称为"对自己的承诺"。我们必须把一切外围和边缘的东西去掉，披沙拣金，让准则简洁有力，清楚明确，切实可行。蒙田是这方面的大师，他的很多指导性准则被广泛引用，例如：

害怕自己会受苦的人，已经遭受他所害怕的痛苦。
帮助别人，但不要失去自我。
即使坐在世间最高的王位宝座上，他也还是只坐在自己的屁股上。

奥勒留用了同样的方法。他的两位传记作家写道："这是一位实干家，不是一位空谈者，他写给自己的寥寥数语是为了激发行动，不是为了发表议论……这里面有他在人生中航行所凭借的地标和灯塔。"以下是奥勒留的一些基本人生准则：

　　要留心观察身边的事情，看清其本质所在，同时要记住必须做一个好人，按照人的本性去做，若是公正的事情，你便要严格地去做，不得有任何偏离。做事的态度要谦逊温和，不能有一丝虚伪。

　　罗耀拉把建立个人准则的方法运用得更加深入。他把自己的一个指导性准则凝缩成一个拉丁语单词——magis。这个单词原本的意思很简单，表示"更多"。不过对于罗耀拉来说，这个单词意味着他对自己的要求，即每一天、每一小时都尽力多做一些工作，为上帝创造荣耀。

　　从经典著作和采访中，我们可以看到有好几种建立个人准则的方法。一种方法是看看能否从同伴和引路人那里汲取对我们有意义的准则。我们可以寻找两种不同的准则：一种与如何生活和行事相关，另一种则是明确指出不可跨越的界限。然后尽量用最精练的语言提炼出准则的精髓，让它们像那位警察局局长"公正，公正"的准则一样精简有力。尽量远离容易做到的准则。标准设得比较低，会让我们对自己沾沾自喜，这样的准则没有借鉴奥勒留的观察所得，即真正的行动准则会对人有所刺痛。

最后，我们可以仿效奥勒留，时不时用新的措辞改写一下我们的准则，让它们跟上我们生活的步伐。一位学者说奥勒留寻找"那种在某个特定时刻能产生最强效果的说法，他的目标是重新实现、重新点燃，不断唤醒自己的一种内心状态，而这种内心状态时常面临被徒劳无益的日常琐碎事件占据、熄灭……或者分散的危险"。

有几位管理者做得更进一步，他们利用一些特别实用的方法，时常提醒自己所立下的志向、指导准则和树立的榜样。如今我们的生活被一片聒噪包围，日夜不绝，他们想让志向、准则和榜样的声音尽力穿透这片聒噪。他们的这个方法，蒙田曾经用过，他让人把自己最青睐的一些生活准则绘在了他写《随笔集》的房间的外露房梁上。

举个例子，这几位管理者中有一位是佛教徒，他参加了一项网上修行活动，每天都会在电子邮箱中收到一条今日佛教箴言。他说，"有些很古老，有些很幽默，但没有一条是简单直白的。要理解这些箴言的意思，我必须停下手头的事情，思考一下"。比如有一条箴言是"不要把公牛驮的担子挪到母牛身上"，他理解的是不要把你该做的工作交给别人做。他说："你看着箴言，说'哦，好吧，我理解得怎么样'。"他也承认，这听起来有点像噱头，不过，如果不这么做，下班后回到家，他会觉得"我今天一点反思都没做"。

一位女性管理者在标准的待办事项清单上添加了个性化和富有创意的成分。每天早上，她写下当天必须做的事情和想做的事情，包括拿出点时间做反思，有时写一个她想思考一下的问题或格言。如此一来，她所做的就不是写"待办事项清单"，而是创造"如何生活清单"——这个清单促使她在规划一天任务的时候，对自己的标准、价值观和生活做简短的思考。

进一步抽离

评估行动是以行动为对象的反思。它的侧重点不在于体验或理解，而是反思一下自己做得怎么样。利用日常榜样和个人准则等，它帮助我们在当下达到自己设立的目标和标准。而时常进一步抽离也是非常重要的，它可以让我们在更深的层次上看到自己的评估行动做得如何。

谈到这个观点时，一位管理者说：

> 我觉得我们需要一个架构，我把这个称作"为我们的生活搭建一个架构"，尤其是那些事情太多、分身乏术的领导者，更需要这么做。
>
> 这个架构中有如下几个问题：作为丈夫、父亲或是任何其他角色，我每天都要做的对我来说真正

重要的事情有哪些？我每天都要做的其他事情有哪些？我每周、每月都要做的事情有哪些？这些事情差不多决定了我生活的架构。

这种进一步抽离去评估行动的方法很简单，但作用颇大。它把我们的每项日常活动都视为一个模块，各个模块合起来组成一个大的架构。美国作家安妮·迪拉德⊖（Annie Dillard）阐释了这个观点的重要性，她写道："我们如何度过一天，就如何度过一生。"

在以反思为主题的经典著作中，我们可以看到与这种方法有关的宝贵例子。蒙田以如实地记录自己的想法和感受为目标来组织一天的架构。作为一个教徒，罗耀拉构建了神圣和忠诚的一生。奥勒留遵照斯多葛派的规范，每天努力锻造自己的世界观、品性和言行举止。

在实践中，进一步抽离意味着什么呢？答案很简单，即抽离的时间要多于之前的片刻或几分钟。除此之外，进一步抽离还意味着拓宽思考的视野，也就是说，把眼光从近期转移到长远，然后努力去把握真正重要的东西。

在受访的管理者中，大约一半能找到时间进行较长时间的反思，其实很多人希望他们能有时间多做几次。另外几位

⊖ 安妮·迪拉德（1945—），美国著名作家和诗人，29岁凭《听客溪的朝圣》获得普利策奖，代表作有《现世》《教顽石说话》《神圣的坚实》《文字生涯》《与中国作家相会》《美国童年》等。——译者注

管理者是宗教修行者，他们强调定期修行的重要性。有位管理者是印度教徒，每年的一月，他会在一个冥想中心待十天，其他日子里，他尽力每天早上冥想和反思一小时。没有宗教信仰的管理者们也明白进一步抽离的重要性，他们用各种各样的方法来做到这点。有些人周末散步，有些人听音乐，有些人则拿一杯咖啡、茶或是酒，自己静静地待一会儿。有位管理者努力践行一个简单的方案——"每天反思十分钟，每周做一次一小时的反思，每年做一次为时一天的反思"。

对另外一些管理者来说，进一步抽离不是孤身一人时做的事情。当真的需要解决人生中的重大问题时，他们会找一个了解和信任的人，长时间、多角度地以反思为主谈一下自己的问题。

有几位管理者说，他们的反思方法实际上是长时间反思和马赛克式反思的结合体。例如，一位管理者说，他有时候必须做一个重要的决定，但一时还不知道怎么做。遇到这种情况时，他会关好办公室的门，静静地思考，有时候长达半个小时。如果仍然举棋不定，他会"带着这个问题"过一段时间，时不时回过头来花一点时间想想这个问题。有时候，他会得到一个新的观点；有时候，他会意识到自己不过是在绕圈子。当然，最后他必须做决定。通过结合使用长时间反思和马赛克式反思，他总能成功解决那些难题。

这些管理者怎么知道什么时候该进一步抽离呢？以下几种情况会让他们进一步抽离：一是面临工作或生活中的高风险选择；二是遭遇人生中的重大事件，比如失业或身患重病；三是他们有时候觉得生活正在一步步失去控制，需要踩一下刹车；四是有时候某个问题或某种担忧一直潜伏在脑海中，他们决定拿出时间来直接面对它。心理学家莫里斯·瑞瑟林（Maurice Riseling）有句话说得好："生活早晚会让所有人都变成哲学家。"

通过进一步抽离，我们可以看看自己是不是真的在评估行动。进一步抽离还可以作为深层次慢下来和沉思的方法。举例来说，慢下来和沉思的目的是获得深层次体验。马赛克式短时间慢下来或沉思的目的是反思你正在经历的事情，抓住真正重要的东西，这意味着全心全意地关注我们内心或周围发生的一切。进一步抽离可以使得慢下来和沉思达到一个更加深入，甚至更加深刻的层次。

时下流行的一些冥想方法源自亚洲宗教和文化中古老的冥想方法，把这二者做一个对比，我们便可明白这一点。提到冥想，我们便会想到正念。正念是指用 10 或 15 分钟的时间来放空大脑，专注于呼吸。研究表明，正念可以降低血压，舒缓神经，提高注意力。不过正念冥想与古老的冥想并无多少相似之处。后者的冥想时间更长，不是为了追求健康、平静或提高工作效率，而是为了窥见和体验内心或周围世界的深刻真相，这种真相经常被一些人为因素遮蔽，例如我们的理性思维，我们要求自己必须把事情做好，我们不停地推动自己去了解、探索和控制周围的世界。

20世纪的德国外交官和心理学家卡尔弗雷德·格拉夫·迪克海姆（Karlfried Graf Dürckheim）是日本禅宗的早期推介者之一。他在《日本禅宗》一书中，用内心的"深层自我"和外部的"圆满生活"来解释禅宗。对迪克海姆和很多东方冥想的诠释者来说，单凭繁忙生活中的短时间"暂停"，不足以探究到深刻的真相。他也在书中强调，西方宗教传统中也有类似的引导，虔诚的教徒们被告知，真实的生活是"把灵魂安放在上帝那里"，而做到这一点，需要长期的祈祷和灵修。

把各种慢下来的方法的时间延长，可以让我们的内在生活更加丰富和深刻。例如，一种慢下来的方法是拿出几分钟来感受一下大自然，简单地看看窗外，或是看两眼计算机屏保展示的户外风光。这些都是小小的马赛克瓷片，我们也可以把马赛克瓷片放大，多看一会儿大自然或天空。换句话说，我们可以进一步抽离，加深我们的体验。例如，美国天文学家卡尔·萨根描写了从遥远的卫星上看地球——看上去像一个非常非常小的"淡蓝色的点"，不过，萨根还写道："所有我爱的人，所有我认识的人，所有我听说过的人，所有曾经出现在地球上的人，都在这一粒悬浮在阳光中的尘埃上，度过自己的一生。"

与慢下来一样，多角度深入反思有时候也需要较长的时间。工作与生活中的难题呈模糊和灰色状态，这样的问题让管理者放不下，晚上会把它们带回家，不是放在公文包或计算机里带回家，而是放在脑海里。我们每个人，不管是作为父母、伴侣、公民、职员，还是仅仅作为一个想把问题或情况想明白的人，都面临这些问题。这些问题白天让我们坐立不安、心神不宁，晚上让我们辗转反侧、难以入睡。它们之所以让我们如此烦恼，大多是因为对待这些问题时，我们有很多不同的观点，有时候这些观点甚至相互冲突。我们需要在脑海中慢慢地、耐心地琢磨这些不同的观点，琢磨来琢磨去，有时候时间很长，或者这个过程重复好几次，才能厘清里面的"盘根错节"。

我们可以用多角度深入反思的方法来思考人生中的重大问题。如果我们将视野打开，超越自身的意识——那个我们称之为"自己"的东西，我们会迎面碰上一些足以让我们思考一生的问题。有些管理者言辞恳切，说这些问题对他们来说是最为重要的问题：我们为什么会在这里？上帝存在吗？生命的意义是什么？千百年来，不止哲学家和神学家在思考这些问题，所有人都曾碰触这些问题。

找到一整段时间做反思需要一定程度的自律。长期驰骋于战场的奥勒留和年轻时有从军经历的罗耀拉秉持这一信条并不奇怪。即使是蒙田，这位时常试着放宽对自己良知的要求的人，也坚定地相信意志力和自律的力量。"因为无法掌控事件，"他写道，"所以我掌控自己。"

幸运的是，人类好像天生有抽离出来反思的本性，所以我们不需要完全依靠意志力。这种天性可能源自我们远古的祖先。那些善于从过去总结经验，并且为将来提前做好安排的早期人类最有可能存活下来，后来这些人慢慢演变成了现代人类。这种内在天性还体现在世界各地的很多文化和传统中，各种文化都有自己的反思之道和方法。这次对管理者的采访也证实了这一点。像奥勒留、蒙田、罗耀拉一样，几乎所有的管理者都在繁忙的工作和生活中形成了属于自己的反思方法。

虽然方法各异，但这些反思方法有几个基本的共同点。反思，是从正在经历、正在做或是想思考清楚的事情中抽离出来，思考并把握住真正重要的东西。反思有三种基本方法："慢下来""多角度深入反思"和"暂停，评估行动"。如果我们找到与自己生活相契合的马赛克式反思模式，间或进一步抽离出来做深入的反思，那么我们的工作和生活将获益良多。

没有反思，我们随俗沉浮，易受他人的影响，盲目追随别人的方向。反思能让我们明白生活的真谛，甚至进而改变我们生活的轨迹。

研究过程

　　本书虽薄，但背后的研究费时颇长，涉及的内容也非常广泛。研究主要集中在两个基本问题上。我们经常听说，人们应该多花时间反思，我们自己也经常给别人这样的建议。但是，反思是什么？怎样在忙碌的工作和生活中找到反思的时间？

　　研究分为两个部分。一是就反思和相关的话题做了大量的背景阅读，阅读范围之大从本书的参考书目即可窥见一斑。之所以做这么广泛的背景阅读，是因为反思是个多维度的话题，要理解反思，可以从多个重要且颇具启发性的角度来切入。读到最后，我的阅读笔记已经变成一篇洋洋洒洒 900 页（单倍行距）之多的文献综述。经过整理，这些笔记被大体归纳为 20 个主题，每个主题都涉及了一个广泛的领域，比如关于反思的经典观点、反思的障碍、从哲学角度看反思、神经科学，等等。

　　做背景阅读的时候，我遇到了一个严峻的挑战。反思是个难以捉摸的现象，研究起来非常困难。我们不能把它放在显微镜下直接观察，在概念上它又与人类意识等非常棘手的难题相关。对于意识是什么、意识的演化过程，以及意识如何从大脑中产生，我们都知之甚少。

有鉴于此，我着手从三个角度来理解反思。大量的背景阅读是其中一个角度，另外两个角度分别是阅读一些重要的日记，以及研究日记和日志现象的一些图书（从本质上说，日记和日志是凝结状态的反思）。而为了提高上述研究的准确性，我又开启了第二部分的研究。

第二部分的研究采访了一百多位管理者。大多数管理者在哈佛商学院学习各种高管课程，在收到我的私人电子邮件后自愿接受采访。他们收到采访邀请的原因是他们拥有足够多元化的背景。

此外，我还采访了另外 25 个人，其中一些是哈佛商学院的资深管理人员，我跟他们当中的大多数人都相识多年，有时一起共事，我选择他们的原因是我比较好奇，想看看多年的私人关系能否让对话更加开放。受访人还包括一些哈佛商学院的教授（大多数年头他们都在公司或其他组织中工作，一般是担任领导职务），以及几位曾来商学院做过演讲的知名 CEO 和前任 CEO。另外，为了拓宽关于反思的视角，我还采访了几位治疗师、几位宗教顾问、一位资深佛教修行者兼导师、一位大学校长、一位警察局局长和一位著名的欧洲足球教练。

在人员构成上，三分之一的受访者为女性；四分之一的受访者来自美国之外的其他国家和地区；三分之二的受访者的年龄在 40 ～ 60 岁之间，其他人除了少数人年龄较大，都尚处于职业生涯的早期；三分之二的受访者是中高层管理者，在其余三分之一的受访者中，除了五位刚刚进入管理层，其他人都是组织的负责人或前任 CEO。

采访分为两个阶段。在第一阶段，我最初采访了 50 位管理者，每个人采访了两次，间隔时间大约为两周。在第一次采访中，我提出了一些问题（见后面），第二次采访依旧提问这些问题，目的是想看看受访者在两周之后是否有进一步的想法。另外，在两次采访之间，我还通过电子邮件请每位受访者描述一下过去 24 小时所做的反思，任何类型的反思均可，目的是得到一份"实时"的每日反思样本。

采访的第二个阶段，是与每位受访者安排一次见面。我采用这个方法，一是因为在第一阶段采访的基础上，我当时能更加有效地抓住重点，二是到了这个阶段，我的研究重点已经更为清晰。不管在哪一阶段，每次采访的时长均为一个小时或稍久一点，采访在我的办公室进行。经过受访者的同意，整个采访过程被录音，并在后期转为文字，录音和文字均属于永久保密资料。最终，我积累了 2000 多页的采访记录。

采访运用了开放式的谈话方法。在一些采访中，我分享了自己对于反思的初步思考，以及从之前的采访中总结的发现和感受。每次采访都问一些固定的问题，但遇到有趣或重要的内容时，我也会撇开固定问题，顺着新的话题谈下去。

第一阶段采访的固定问题有：在您看来，反思是什么？提到反思，您会想到什么？反思在哪些方面有价值，在哪些方面会成为一个问题？您通常在什么时候反思，怎么反思？您反思的时候通常关注哪些问题？您做反思想达到什么目标？您主要遇到了哪些反思障碍？您觉得自己有没有拿出足够的时间做反思？

在第一阶段的两次采访之间，我还通过电子邮件向50位受访者询问了如下问题：在过去几个小时内，您有没有做反思？反思的是什么问题？什么时间做的反思，方式是什么？对这之后的面谈，我准备了以下问题：对于我们第一次谈话的内容，您有什么要补充的吗？您觉得自己的反思做得怎么样，评估一下？您对职业问题和私人问题的反思有什么不同吗？您如何区分有用的反思和忧虑，此外，在某些时候，忧虑是值得的吗？如果有更多时间反思，您会怎么利用这些时间？宗教或灵性，如果有的话，在您的反思中扮演了什么角色？

最后的成稿颇为费时。事后看来，我认为找到方法，把重点内容从数千页的阅读笔记和采访记录中提炼出来是根本性问题。我想写一本简短、实用、通俗易懂的书。为此，我必须努力完成两项颇具挑战性的任务。一项挑战是从阅读笔记和采访记录中找出中心主题，这些中心主题后来成了反思的四个设计原则。

另一项持续了很长时间的挑战是删稿。初稿中有大量的受访者很有见地的言论和从阅读笔记中总结的重要观点，但我不得不大批量将它们删除，仅仅是因为其他观点更有价值。几度删减之后，最终版本的字数仅为前几版的五分之一。

虽然力求审慎，但书中肯定存在一些事实和解释上的错误，责任都在本人。

参考文献

Arendt, Hannah. *The Human Condition*. Chicago: University of Chicago Press, 1998.

Aura. "A Simple Productivity Weapon by Andreessen: The Anti-to-Do List." *Business Insider*, June 14, 2016. https://medium.com/business-startup-development-and-more/a-simple-productivity-weapon-by-andreessen-the-anti-to-do-list-1fee961c3b72.

Bakewell, Sarah. *How to Live: Or a Life of Montaigne in One Question and Twenty Attempts at an Answer*. London: Chatto and Windus, 2011.

Barth, J. Robert. "Mortal Beauty: Ignatius Loyola, Samuel Taylor Coleridge, and the Role of Imagination in Religious Experience." *On Christianity and Literature* 50, no. 1 (Autumn 2000): 69-78.

Batchelor, Stephen, Christina Feldman, Akincano M. Weber, and John Peacock. "What Mindfulness Is Not." *Tricycle: The Buddhist Review*, September 17, 2018. https://tricycle.org/trikedaily/mindfulness-buddhism/.

Bellezza, Silvia, Neeru Paharia, and Anat Keinan. "Conspicuous Consumption of Time: When Busyness and Lack of Leisure Time Become a Status Symbol." *Journal of Consumer Research* (June 2017).

Bettleheim, Bruno. *A Good Enough Parent*. New York: Alfred A. Knopf, 1987.

Birley, Anthony. *Marcus Aurelius*. London: Eyre & Spottiswoode, 1966.

Blumenson, Martin. *The Patton Papers*. Boston: Da Capo Press, 1996.

Boswell, James. *Life of Johnson*. Oxford: Oxford University Press, 1998.

de Botton, Alain. *How Proust Can Change Your Life*. New York: Vintage, 1998.

Bowler, Kate. "How Cancer Changes Hope." *New York Times*, December 28, 2018. https://www.nytimes.com/2018/12/28/opinion/sunday/resolutions-hope-cancer-god.html.

Buckner, Randy L., Jessica R. Andrews-Hanna, and Daniel L. Schechter. "The Brain's Default Network: Anatomy, Function, and Relevance to Disease." *Annals of the New York Academy of Science* 1124 (2008): 1-38.

Burke, Peter. *Montaigne*. Oxford: Oxford University Press, 1981.

Carlyle, Thomas. *Sartor Resartus*. Oxford: Oxford University Press, 1999.

Cassam, Quassim. *Self-Knowledge for Humans*. Oxford: Oxford University Press, 2015.

Cave, Terrence. *How to Read Montaigne*. London: Granta Books, 2013.

Centers for Disease Control and Prevention. "Healthy Pets and Healthy People." https://www.cdc.gov/healthypets/index.html.

Chiu, Wen-Chun, Po-Shuo Chang, Cheng-Fang Hsieh, Chien-Ming Chao, and Chih-Cheng Lai. "The Impact of Windows on the Outcomes of Medical Intensive Care Unit Patients." *International Journal of Gerontology* 12 (March 2018): 67-70.

Cleveland Clinic. "A Room with a View: Do Hospital Window Views Affect Clinical Outcomes?" *Consult QD*. https://consultqd.clevelandclinic.org/room-view-hospital-window-views-affect-clinical-outcomes/ .

Csikszentmihalyi, Mihaly. *Flow: The Psychology of Optimal Experience*. New York: HarperCollins Publishers, 1991.

Curtiz, Michael, dir. *Casablanca*. Hollywood, CA: Hal B. Wallis Production, 1942.

Desan, Philippe. *The Oxford Handbook of Montaigne*. Oxford: Oxford University Press, 2016, 763.

Dewey, John. *How We Think*. Lexington, MA: D.C. Heath, 1933.

Dillard, Annie. *The Writing Life*. New York: Harper Perennial, 1989.

Dürckheim, Karlfried. *The Japanese Cult of Tranquility*. York Beach, ME: Samuel Weiser, 1991.

Farquharson, A. S. L. *The Meditations of the Emperor Marcus Aurelius Antoninus*, vol. 1. Oxford: Clarendon Press, 1944.

Flanigan, Owen. *The Bodhisattva's Brain*. Cambridge, MA: MIT Press, 2011.

Fleming, David L. *What Is Ignatian Spirituality?* Chicago: Loyola Press, 2008.

Frame, Donald. *Montaigne: A Biography*. New York: Harcourt, Brace & World, 1965.

————. *Selections from the Essays of Montaigne*. New York: Appleton-Century-Crofts, 1948.

Frampton, Saul. *When I Am Playing with My Cat, How Do I Know She Is Not Playing with Me?* London: Faber and Faber, 2011.

Frank, Anne. *The Diary of a Young Girl*. Translated by Susan Massotty. New York: Everyman's Library, 2010.

Friedrich, Hugo. *Montaigne*. Berkeley, CA: University of California Press, 1991.

Gallagher, Shaun, and Dan Zahavi. "Phenomenological Approaches to Self-Consciousness." In *The Stanford Encyclopedia of Philosophy*, edited by Edward N. Zalta. Winter 2016 Edition. https://plato.stanford.edu/archives/win2016/entries/self-consciousness-phenomenological/.

Gardner, Ryan S., and Michael K. Freeman. "'Serious Reflection' for Religious Educators." *Religious Educator* 12, no. 3 (2011): 59-81.

George, Bill. *True North: Discover Your Authentic Leadership*. San Francisco: Jossey-Bass, 2007.

Giavatto, Angelo. "The Style of *The Meditations*." In *A Companion to Marcus Aurelius*, edited by Marcel van Ackeren, Hoboken, NJ: Wiley-Blackwell, 2012, 333-345.

Graves, Maitland E. *The Art of Color and Design*. Columbus, OH: McGraw-Hill, 1941.

Guevara, Ernesto Che. *The Bolivian Diaries: Authorized Version*. Minneapolis, MN: Ocean Press, 2005.

Van Gulik, Robert. "Consciousness." In *The Stanford Encyclopedia of Philosophy*, edited by Edward N. Zalta. Winter 2016 Edition. https://plato.stanford.edu/archives/spr2018/entries/consciousness/.

Hadot, Pierre. *The Inner Citadel: The Meditations of Marcus Aurelius*. Cambridge, MA: Harvard University Press, 2001.

———. *What Is Ancient Philosophy?* Cambridge, MA: Harvard University Press, 2002.

Halévy, Daniel. *My Friend Degas*. Middletown, CT: Wesleyan University Press, 1964.

Hammarskjöld, Dag. *Markings*. Translated by Lief Sjoberg. New York: Vintage Books, 2007.

Hart, William. *Vipassana Meditation: The Art of Living*. Maharashtra, India: Vipassana Research Institute, 2014.

Hazlitt, William, ed. *The Works of Montaigne*. London: C. Templeman, 1845.

Hetherington, Stephen. *Self-Knowledge*. Peterborough, Canada: Broadview Press, 2007.

Hickman, Martha Whitmore. *Healing After Loss: Daily Meditations for Working Through Grief*. New York: William Morrow Paperbacks, 1994.

Hopkins, Gerard Manley. "God's Grandeur." *God's Grandeur and Other Poems*. New York: Dover Publications, 1995.

"The Human Brain Is the Most Complex Structure in the Universe." *Independent*, April 2, 2014. https://www.independent.co.uk/voices/editorials/the-human-brain-is-the-most-complex-structure-in-the-universe-let-s-do-all-we-can-to-unravel-its-9233125.html.

Immordino-Yang, Mary Helen, Joanna A. Christodoulou, and Vanessa Singh. "Rest Is Not Idleness: Implications of the Brain's Default Mode for Human Development and Education." *Perspectives on Psychological Science* 7, no. 4 (2012): 352-364.

Interaction Design Foundation. "Design Principles." https://www.
   interaction-design.org/literature/topics/design-principles.

Iyer, Pico. *The Art of Stillness*. New York: Simon & Schuster, 2014.

Jakubowsky, Frank. *Whitman Revisited*. Bloomington, IN: West-
   Bow Press Publishing, 2012.

Johnson, Alexandra. *A Brief History of Diaries: From Pepys to
   Blogs*. London: Hesperus Press, 2011.

Johnson, David. *A Quaker Prayer Life*. San Francisco: Inner Light
   Books, 2013.

Jones-Wilkins, Andy. "Running as Reflection." *Irunfar*, Septem-
   ber 20, 2013. http://www.irunfar.com/2013/09/running-as-
   reflection.html.

Kahneman, Daniel. *Thinking, Fast and Slow*. New York: Farrar,
   Straus and Giroux, 2011.

Keats, John. *The Complete Poetical Works and Letters of John
   Keats*, edited by Horace Elisha Scudder. Boston and New
   York: Houghton Mifflin, 1899.

Kellert, Stephen R., and Edward O. Wilson. *The Biophilia Hy-
   pothesis*. Washington, DC: Shearwater, 1995.

Koepnick, Lutz. *On Slowness: Toward an Aesthetic of the Con-
   temporary*. New York: Columbia University Press, 2014.

Kohn, Edward P., ed. *A Most Glorious Ride: The Diaries of Theo-
   dore Roosevelt, 1887–1886*. Albany, NY: State University of New
   York Press, 2015.

Kreiner, Jamie. "How to Reduce Digital Distractions: Advice
   from Medieval Monks." *Aeon*, April 24, 2019. https://aeon.
   co/ideas/how-to-reduce-digital-distractions-advice-from-
   medieval-monks.

Kress, Jill M. "Contesting Metaphors and the Discourse of Con-
   sciousness in William James." *Journal of the History of Ideas* 61,
   no. 2 (April 2000): 263-283.

Langer, Ullrich. "Montaigne's Political and Religious Context."
   In *The Cambridge Companion to Montaigne*. Cambridge: Cam-
   bridge University Press, 2005.

Lilienthal, David. *The Harvest Years: 1959-1963*. New York:
   Harper & Row, 1964.

Long, Christopher R., and James R. Averill. "Solitude: An Exploration of Benefits of Being Alone." *Journal for the Theory of Social Behavior* 33, no. 1 (2003): 21-44.

Lubbock, John. *The Use of Life*. New York: Macmillan, 1900.

Lutz, Antoine, John D. Dunne, and Richard J. Davidson. "Meditation and the Neuroscience of Consciousness." In *The Cambridge Handbook of Consciousness*, edited by Philip David Zelazo, Morris Moscovitch, and Evan Thompson. Cambridge: Cambridge University Press, 2017, 497-550.

Mallon, Thomas. *A Book of One's Own: People and Their Diaries*. New York: Ticknor and Fields, 1984.

Mani, Anandi, Sendil Mullainathan, Eldar Shafir, and Jiaying Zhao. "Poverty Impedes Cognitive Function." *Science* 341, no. 6149 (August 2013): 976-980.

Manney, Jim. *An Ignatian Book of Prayers*. Chicago: Loyola Press, 2014.

Männlein-Robert, Irmgard. "*The Meditations* as a (Philosophical) Autobiography." In *A Companion to Marcus Aurelius*, edited by Marcel van Ackeren. Hoboken, NJ: Wiley-Blackwell, 2012, 362-381.

Marcus Aurelius. *The Emperor's Handbook: A New Translation of the* Meditations. Translated by David Hicks and C. Scot Hicks. New York: Scribner, 2002.

———. *The Essential Marcus Aurelius*. Translated by Jacob Needleman and John P. Piazza. London: Penguin Group, 2008.

———. *Meditations*. Translated and edited by A. S. L. Farquharson. New York: Alfred A. Knopf, 1992.

———. *Meditations*. Translated by Gregory Hayes. New York: Modern Library, 2002.

Marcus Aurelius Antoninus. *The Meditations of the Emperor Marcus Aurelius Antoninus*. Translated by Francis Hutcheson. Carmel, IN: Liberty Fund, 2007.

Matsushita, Konosuke. *My Way of Life and Thinking*. Kyoto, Japan: PHP Institute, 2011.

McCarthy, Molly. *The Accidental Diarist: A History of the Daily Planner in America*. Chicago: University of Chicago Press, 2013.

Meissner, William. *Ignatius of Loyola: The Psychology of a Saint*. New Haven, CT: Yale University Press, 1994.

Menary, Richard, ed. *The Extended Mind*. Cambridge MA: MIT Press, 2012.

Merton, Thomas. *The Inner Experience: Notes on Contemplation*. New York: HarperOne, 2003.

Miller, Jonathan. *On Reflection*. London: National Gallery of Art, 1998.

Moberg, Dennis, and Martin Calkins. "Reflection in Business Ethics: Insights from Saint Ignatius's Spiritual Exercises." *Journal of Business Ethics* 33 (2001): 257-270.

de Montaigne, Michel. *The Complete Essays*. Translated by M. A. Screech. London: Penguin Books, 2003.

———. *Montaigne's Selected Essays and Writings*. Translated and edited by Donald M. Frame. New York: St Martin's Press, 1963.

———. *The Works of Montaigne*. Edited by William Hazlitt. London: C. Templeman, 1845.

Nagel, Thomas. "What Is It Like to Be a Bat?" *The Philosophical Review* 83, no. 4 (October 1974): 435-450.

Neustadt, Richard E., and Ernest R. May. *Thinking in Time: The Uses of History for Decision-Makers*. New York: Free Press, 1988.

Nielsen, Jared A., Brandon A. Zielinski, Michael A. Ferguson, Janet E. Lainhart, and Jeffrey S. Anderson. "An Evaluation of the Left-Brain vs. Right-Brain Hypothesis with Resting State Functional Connectivity Magnetic Resonance Imaging." *PlosOne* 8, no. 8 (August 14, 2013). https://journals.plos.org/plosone/article?id=10.1371/journal.pone.0071275.

Nin, Anaïs. *Mirages: The Unexpurgated Diary of Anaïs Nin, 1939–1944*. Athens, OH: Swallow Press, 2013.

Nolen-Hoeksema, Susan, Blair Wisco, and Sonja Lyubomirsky. "Rethinking Rumination." *Perspectives on Psychological Science*

3, no. 5 (2008): 400-424. doi:10.1111/j.1745-6924.2008.00088.x. PMID 26158958.

Neuroskeptic. "The 70,000 Thoughts Per Day Myth?" *Discover: Science for the Curious*. http://blogs.discovermagazine. com/neuroskeptic/2012/05/09/the-70000-thoughts-per-day-myth/#.

Overbye, Dennis. "Brace Yourself! Here Comes Einstein's Year." *New York Times*, January 25, 2005. https://www.nytimes.com/ 2005/01/25/science/brace-yourself-here-comes-einsteins-year. html.

Pang, Alex Soojung-Kim. *Rest: Why You Get More Done When You Work Less*. New York: Basic Books, 2016.

Parker-Pope, Tara. "Writing Your Way to Happiness." *New York Times*, January 19, 2015. https://well.blogs.nytimes.com/2015/01/ 19/writing-your-way-to-happiness/ .

Pascal, Blaise. *Pensées and Other Writings*. Translated by Honor Levi. Oxford: Oxford University Press, 1995.

Phillips, Adam. "Against Self-Criticism." *London Review of Books*, March 5, 2015.

———. *Unforbidden Pleasures*. New York: Farrar, Straus and Giroux, 2015.

Popper, Karl. *Of Clouds and Clocks*. St. Louis, MO: Washington University, 1966.

Proust, Marcel. *In Search of Lost Time*, vol. 5. Translated by C. K. Scott Moncrief and Terence Kilmartin. New York: Modern Library, 1993.

Ratnaguna, *Art of Reflection*. Cambridge: Windhorse Publications, 2018.

Ravier, André. *Ignatius of Loyola and the Founding of the Society of Jesus*. San Francisco: Ignatius Press, 1987.

Reiser, William. "The Spiritual Exercises in a Religiously Pluralistic World." *Spiritus: A Journal of Christian Spirituality* 10, no. 2 (Fall 2010).

Robinson, Marilynne. *Gilead*. New York: Picador, 2006.

Rosensaft, Menachem Z., ed. *God, Faith, and Identity from the Ashes: Reflections of Children and Grandchildren of Ho-*

locaust Survivors. Nashville, TN: Jewish Lights Publishing, 2014.

Rutherford, R. B. *The Meditations of Marcus Aurelius: A Study*. Oxford: Clarendon Press, 1991.

Sagan, Carl. *Pale Blue Dot*. New York: Ballentine Books, 1994.

Sayce, Richard A. *The Essays of Montaigne: A Critical Exploration*. London: Weidenfeld and Nicolson, 1972.

Schaffner, Anna Katharina. *Exhaustion: A History*. New York: Columbia University Press, 2017.

Schissel, Lillian. *Women's Diaries of the Westward Journey*. New York: Schocken Books, 2004.

Schmitz, James H. "The Altruist." *Galaxy Science Fiction*, September 1952.

Scholar, Richard. *Montaigne and the Art of Free-Thinking*. Oxford: Peter Lang, 2010.

Schopenhauer, Arthur. *Counsels and Maxims*. Translated by T. Bailey Saunders. New York: Cosimo Classics, 2007.

———. *Essays of Arthur Schopenhauer*. Translated by T. Bailey Saunders. New York: A. L. Burt Company, 1902.

Schwartz, Tony and Christine Porath. "Why You Hate Work." *New York Times*, May 30, 2014. https://www.nytimes.com/2014/06/01/opinion/sunday/why-you-hate-work.html.

Seligman, Martin E. P., Peter Railton, Roy F. Baumeister, and Chandra Sripada. *Homo Prospectus*. Oxford: Oxford University Press, 2016.

Shakespeare, William. *The Tragical History of Hamlet, Prince of Denmark*. London: Adam & Charles Black, 1911.

Sharf, Robert H. "Is Mindfulness Buddhist? (and Why It Matters)." *Transcultural Psychiatry* 52, no. 4 (2015): 470-484.

Sedikides, Constantine, Rosie Meek, Mark D. Alicke, and Sarah Taylor. "Behind Bars but Above the Bar: Prisoners Consider Themselves More Prosocial Than Non-Prisoners." *British Journal of Social Psychology* 53, no. 2 (December 2013): 396-403.

Smith, David Woodruff. "Phenomenology." In *The Stanford Encyclopedia of Philosophy*, edited by Edward N. Zalta. Winter

2016 Edition. https://plato.stanford.edu/archives/sum2018/entries/phenomenology/.

Solomon, Robert C. *Spirituality for the Skeptic: The Thoughtful Love of Life*. Oxford: Oxford University Press, 2002.

Sparough, J. Michael, Tim Hipskind, and Jim Manney. *What's Your Decision? How to Make Choices with Confidence and Clarity*. Chicago: Loyola Press, 2010.

Stoljar, Natalie. "Feminist Perspectives on Autonomy." In *The Stanford Encyclopedia of Philosophy*, edited by Edward N. Zalta. Winter 2016 Edition. https://plato.stanford.edu/archives/win2018/entries/feminism-autonomy/.

Strong, John S. *Buddhisms: An Introduction*. London: Oneworld, 2015.

Taylor, Alan, and Irene Taylor, eds. *The Assassin's Cloak: An Anthology of the World's Greatest Diarists*. Edinburgh: Canongate Books, 2011.

Taylor, Charles. *The Ethics of Authenticity*. Cambridge, MA: Harvard University Press, 2018.

Thich Thien-an. *Zen Philosophy, Zen Action*. Cazadero, CA: Dharma Publishing, 1975.

Thoreau, Henry David. *Walden and "Civil Disobedience."* New York: New American Library, 1960.

Traub, George W. "Six Characteristics of Ignatian Spirituality." *Ignatian Spirituality.com*. http://www.ignatianspirituality.com/what-is-ignatian-spirituality/six-characteristics-of-ignatian-spirituality.

Treanor, Brian, and Brendan Sweetman. "Gabriel (-Honoré) Marcel." In *The Stanford Encyclopedia of Philosophy*, edited by Edward N. Zalta. Winter 2016 Edition. https://plato.stanford.edu/archives/win2016/entries/marcel/.

Tylenda, Joseph N. *A Pilgrim's Journey: The Autobiography of Ignatius of Loyola*. San Francisco: Ignatius Press, 2001.

Vaish, Amrisha, Tobias Grossmann, and Amanda Woodward. "Not All Emotions Are Created Equal: The Negativity Bias in Social-Emotional Development." *Psychology Bulletin* 134, no. 3 (May 2008): 383-403.

Wallace, B. Alan. *Mind in the Balance: Meditation in Science, Buddhism, and Christianity.* New York: Columbia University Press, 2007.

"What Is Ignatian Spirituality?" Ignatian Spirituality.com. http://www.ignatianspirituality.com/what-is-ignatian-spirituality/.

"What Mindfulness Is Not." *Tricycle: The Buddhist Review*, September 17, 2018. https://tricycle.org/trikedaily/mindfulness-buddhism/.

Wikipedia. "Christian Contemplation," last edited on January 15, 2020. https://en.wikipedia.org/wiki/Christian_contemplation.

Wilde, Oscar. *The Writings of Oscar Wilde.* London: A. R. Keller & Co., 1907.

Wilson, Edward O. *Biophilia.* Cambridge, MA: Harvard University Press, 1984.

Wilson, Timothy D. *Redirect: Changing the Stories We Live By.* New York: Little, Brown and Company, 2011.

———. *Strangers to Ourselves: Discovering the Adaptive Unconscious.* Cambridge, MA: Belknap Press, 2002.

Winnicott, D. W., Lesley Caldwell, and Helen Taylor Robinson, eds. *The Collected Works of D. W. Winnicott*, vol. 6. Oxford: Oxford University Press, 2016.

Wright, Robert. *Why Buddhism Is True: The Science and Philosophy of Meditation and Enlightenment.* New York: Simon and Schuster, 2018.

致　　谢

在此，我谨向在百忙之中帮我阅读全部书稿或部分书稿，并提出无数宝贵意见的朋友和同事致以诚挚的谢意，尤其是萨姆·林、尼汀·诺瑞亚、朱利安·诺兰和肯·温斯顿。我的三位女儿玛丽亚、路易莎和嘉贝拉阅读了书稿的多个版本，其中一些版本问题颇多，但她们仍然耐心读完，并提出了很多修改意见和建议。我的夫人帕特丽夏·奥布莱恩提出了很多有益的想法，并对本书的框架提供了重要的指点。感谢我的编辑凯文·埃弗斯和我的著作经纪人拉尔夫·赛格林，在写作过程中的每一步他们都向我提供了实用而有见地的建议。

我向受访的管理者们致以同样诚挚的谢意。这些采访是这本书成书的基础，管理者们在采访中细心、诚实地讲述了他们的反思时间和方式，这让我受益良多，也让这本书得以呈现在读者的面前。

最后，我要感谢哈佛商学院慷慨的校友们，没有你们提供的资源，这本书将无法完成。

彼得·德鲁克全集

关键时刻掌握关键技能

《纽约时报》畅销书，全美销量突破400万册
《财富》500强企业中的300多家都在用的方法

推荐人

史蒂芬·柯维 《高效能人士的七个习惯》作者
汤姆·彼得斯 管理学家
菲利普·津巴多 斯坦福大学心理学教授
穆罕默德·尤努斯 诺贝尔和平奖获得者
麦克·雷登堡 贝尔直升机公司首席执行官

樊登 樊登读书会创始人
吴维库 清华大学领导力教授
采铜 《精进：如何成为一个很厉害的人》作者
肯·布兰佳 《一分钟经理人》作者
夏洛特·罗伯茨 《第五项修炼》合著者

关键对话：如何高效能沟通（原书第2版）（珍藏版）

作者：科里·帕特森 等 书号：978-7-111-56494-2

应对观点冲突、情绪激烈的高风险对话，得体而有尊严地表达自己，达成目标

关键冲突：如何化人际关系危机为合作共赢（原书第2版）

作者：科里·帕特森 等 书号：978-7-111-56619-9

化解冲突危机，不仅使对方为自己的行为负责，还能强化彼此的关系，成为可信赖的人

影响力大师：如何调动团队力量（原书第2版）

作者：约瑟夫·格雷尼 等 书号：978-7-111-59745-2

轻松影响他人的行为，从单打独斗到齐心协力，实现工作和生活的巨大改变

推荐阅读

清华大学经济管理学院领导力研究中心主任
杨斌教授　担当主编　鼎力推荐

面临不确定、社会巨变，日益复杂且需要紧密协作的挑战，管理沟通解决方案
沙因组织与文化领导力系列

谦逊的魅力
沙因60年咨询心得

埃德加·沙因（Edgar H.Schein）

世界百位影响力管理大师 斯坦福社会心理学硕士哈佛社会心理学博士
企业文化与组织心理学领域开创者和奠基人

恰到好处的帮助

人际关系的底层逻辑和心理因素，打造助人与求助的能力，获得受益一生的人际关系

谦逊领导力

从关系的角度看待领导力，助你卸下独自一人承担一切的巨大压力

谦逊的问讯

以提问取代教导，学会"问好问题"，引导上下级的有益沟通，帮助组织良性运作，顺利达成目标

谦逊的咨询

回顾50年咨询案例，真实反映沙因如何从一个初出茅庐的实习生成长为成功的咨询大师，感受谦逊的魅力，为组织快速提供真正的帮助